U0950318

行走北京大运河

刘文军◇著

中国旅游出版社

项目策划：赵　芳
责任编辑：赵　芳
责任印制：冯冬青
装帧设计：中文天地
示意图绘制：逸云冰

图书在版编目（CIP）数据
行走北京大运河 / 刘文军著 . -- 北京 : 中国旅游出版社 , 2025. 3. -- ISBN 978-7-5032-7549-4
Ⅰ . K878.44
中国国家版本馆 CIP 数据核字第 2025C7A581 号

书　　名：行走北京大运河

作　　者：刘文军　著
出版发行：中国旅游出版社
（北京静安东里 6 号　邮编：100028）
https://www.cttp.net.cn　E-mail: cttp@mct.gov.cn
营销中心电话：010-57377103，010-57377106
读者服务部电话：010-57377107
排　　版：北京中文天地文化艺术有限公司
印　　刷：北京工商事务印刷有限公司
版　　次：2025 年 3 月第 1 版　2025 年 3 月第 1 次印刷
开　　本：880 毫米 ×1230 毫米　1/32
印　　张：6.625
字　　数：97 千
定　　价：62.00 元
I S B N　978-7-5032-7549-4

版权所有　翻印必究
如发现质量问题，请直接与营销中心联系调换

北京水系示意图

白河
潮河
永定河流域
潮白河流域
北运河流域
温榆河
潮白河
蓟运河流域
泃河
永定河
永定河流域
大清河流域
大石河
北运
河
永定河流域
拒马河
N

序言

初识刘老师是偶然看到一个微信公众号“好望角寻访之旅”，里面关于行走大运河北京段的内容，正好与我手边准备的“走河”活动有关，就关注了这个号。后来，我在“北京水文化”群聊里看到“好望角”这个名字，经询问，正是刘老师，于是就与刘老师加了好友。

几年间，作为群友，看到刘老师一直在行走、寻访、记录，甚是钦佩。2024 年 6 月的一天，我到西城区图书馆听白文荣老师的《大运河与北京城市发展》讲座，第一次见到了刘老师。几天后，在通州大运河考察活动中，我又一次与刘老师相遇。此次活动由北京联合大学北京学研究所组织，由陈喜波教授担任讲解。活动结束后，我俩又顺路参观了通州博物馆，看了刚修复完的八里桥。刘老师对大运河的热爱，他在观看文物时的专注与认真给我留下了深刻印象。

近日，刘老师将他行走北京大运河的文字结集成书稿，将部分篇目发给我，请我提些修改意见，又请我为该书作序，甚感不安。

说来我和大运河也有着不解之缘。郭守敬纪念馆重新布展开放后，我有幸加入志愿讲解团队，这让我学到了很多东西。现在，面对众多参观者，我可以非常流畅地讲解有关郭守敬与北京水系，特别是大运河方面的知识了。

机缘巧合，前些年，我加入了北京环境科学学会，专职从事科普工作，工作重点之一就是组织学会的品牌科普活动——“青少年河湖科考环境教育系列活动”。2018 年，我们启动了走河系列活动，先后走访了玉泉水系、清河、凉水河、永定河等。

近几年，特别是 2024 年庆祝大运河申遗成功十周年之际，我们多次组织行走大运河北京段的活动，吸引了众多青少年和家长朋友参加。我们还精心制作了多种适合青少年使用的走河研学手册。通过这些活动，参加者对北京的水系和大运河沿线的生态环境及历史、地理、水利、水生态等有了更深入的了解。

虽然有了这些年的积累，但我依然感觉自己对于大运河的了解还不够，关于大运河，还有很多自己不熟悉的内容，所以我希望把刘老师的这本书作为自己进一步学习的一个教材。

《行走北京大运河》这本书凝聚了刘老师的心血与深情，记录了他行走大运河北京境内各段时的所见、所闻、所感。行走在古老的运河之畔，作者仿佛在与历史对话。他的每一个脚步，都饱含着对大运河的敬意与热爱。每到一处，他都用心去感受那古老的韵味，聆听岁月的回响。

特别值得一提的是，书中的大量照片可以让读者在阅读文字的同时看到每一处的真实景象；在每一节后面，刘老师都附上了行走攻略，提醒大家行走时的注意事项。我以为，这本书不仅是一本记录刘老师行走北京大运河的书，更是引导大家去接近河流，探究北京水文化的指南。

作为一个运河文化的爱好者和参与者，我希望有更多的人能从本书中找到自己感兴趣的地方，并能够去实地行走，发现自己心中不一样的大运河之美；希望每个人都能够以自己的方式，或文字、或摄影、或诗歌、或绘画、或科考课题，为大运河留下更多鲜活的记录，让大运河能够更长久地在人们心中留下印迹。

当然，我也希望刘老师能够继续走下去，沿着大运河的航道走到更多的市镇，带给我们更多的行走大运河的文字与美图。

仇海春

北京环境科学学会科普活动部主任　郭守敬纪念馆志愿者（讲解员）

2025 年 2 月于北京

目录

第一章　泉水

白浮泉

提到白浮泉，很多人一脸茫然。就拿我来说，在北京生活多年，直到几年前才知道这个地名。

然而，谈北京大运河，首先要谈白浮泉。

700多年前，元朝定都现在的北京，时称大都。大都城建成后，急需引水以济漕运，解决皇家、官员、军队和百姓的粮食等物资需求。受元世祖忽必烈之命，郭守敬率人到京郊寻找水源。经过多次实地勘察，他发现大都城西北昌平有白浮泉，自龙山碎石间喷涌而出。白浮泉泉水不仅水量大，而且充沛稳定。郭守敬大喜过望，立即带领人马开渠引水。

疏通后的白浮泉西行南折，画出一道C字形弧线，沿途收纳10余处山泉，汇入瓮山泊（今昆明湖），然后流经高梁河（今南长河），自和义门（今西直门）北水关流入城内的积水潭。白浮泉至瓮山泊一段被称为白浮瓮山河。与此同时，郭守敬又主持开挖了大都城至通州段的河道。

这一年，郭守敬62岁，已是花甲老人了。

▲ 什刹海岸边的“郭爷爷”纪念馆

郭守敬，河北邢台人，元代著名水利学家。他自幼勤奋好学，“习知水利，且巧思绝人”。入仕后，他在京杭大运河和大都城水利规划方面作出了重要贡献。如论北京城市河湖水系的奠基人，非郭守敬莫属。为纪念郭守敬的历史功绩，北京市西城区于 1988 年复建什刹海岸边的汇通祠，将其辟为郭守敬纪念馆。

也许你会问，郭守敬为什么没有选择最短距离，将白浮泉泉水自北向南直接引入大都城呢？原因是，除汇集山泉外，还要考虑海拔问题。

白浮泉海拔 53 米，大都城平均海拔 48 米，如果由北向南直接引水，中间要穿越南北沙河和清河，这一带为低洼河谷，海拔只有 40 米左右。可想而知，白浮泉水一旦引入南北沙河和清河，势必顺流东下，无法进入大都城。

有个佐证，我在行走北沙河时，听双塔村村民说，2023 年 7 月的那场洪水，他们村是重灾区，水位最高时，已经没过了房檐。

郭守敬在设计引水路线时注意到了这一问题。我在阅读水利史资料时看到这样一种说法：郭守敬在世界上最早提出了海拔的概念，早于德国大数学家高斯 560 多年。仅凭这件事就可以看出，中国古代的科技水平不可小视。

这条由白浮泉至通州的河道即元代的通惠河。通惠河贯通后，漕船即可从通州直接驶入城内的积水潭码头。

白浮泉是京杭大运河北端的水源头，也是北京城区水源的命脉，正如侯仁之先生所说：与历史上北京城息息相关者，首推白浮泉。白浮泉也是“燕平八景”之一，有“龙泉漱玉”之美誉。燕平，即今天的昌平。

古人重视风水，明朝在昌平天寿山修建皇陵，有风水先生提出，祖宗陵前的水不可以由东向西逆流。此后，白浮泉被废弃，但附近农民仍将其作为灌溉田地的水源。1958 年十三陵水库建成后，白浮泉泉水日渐枯竭。

2014 年，大运河入选世界文化遗产，借此东风，昌平区对白浮泉遗址进行了修缮，将其打造成大运河源头遗址公园。在公园展厅门口，我看到六个醒目的大字：运河源，白浮泉。

公园内的文物首推九龙池。历史上的九龙池不仅泉水旺盛，而且清澈。通过人工引水，九龙池恢复了原貌，用花岗岩砌成的石壁上，嵌有九个汉白玉雕刻的龙头，泉水从龙口中源源不断涌出。

九龙池清波荡漾，九只鹅在池水中浮游，有颔首者，有嘎嘎叫者，似乎是在欢迎我们的到来。

另一处文物是位于山顶的都龙王庙。传说，这里的龙王爷很灵验，过去方圆百里的百姓都争相来这里上香祈雨。顺着陡峭的台阶，我们气喘吁吁爬到山顶，踏入都龙王庙山门。映入眼帘的是这样一副对联："九江八河天水总汇，五湖四海饮水思

▲ 白浮泉九龙池

源”，白浮泉在人们心目中的地位由此可见。

凡是有水的地方几乎都有龙王庙，但昌平的这处龙王庙前面多了个“都”字。“都”的意思是统领、统帅。传说，北京地区所有的龙王庙都归这里的龙王管，如果群龙无首，就会“多龙治水”，互相打架。

龙山有历史遗迹，也有自然景观。紧邻都龙王庙，有一处鹭鸟保护区。登上高高的木质观鸟台，可见山上林木密集，山下沼泽湿地遍布。每年四五月间，大批鹭鸟自南方飞来，在东沙河边捕食鱼虾，在林间筑巢繁育，一直到十月中旬才陆续向南迁徙。

白浮泉，有历史、有文化，有山、有水、有鸟，值得一来。

行走攻略

白浮泉遗址公园位于昌平城区东南，可乘地铁昌平线到沙河高教园站，B2（东）口出，换乘公交昌 52 路，化庄站下车。

公园南有京密引水渠自东向西流过，东有东沙河自北向南穿过。春节期间，公园办有庙会，人不是很多，节目接地气，表演者均为本地村民，北京市区内的庙会人山人海，不妨来这里逛逛。

公园位置比较偏僻，附近没有餐馆，建议自带干粮，或者乘公交昌 52 路前往昌平城区用餐。

第二章 湖泊

昆明湖

多年前，我常和同学骑自行车去昆明湖游泳。那时候，我仅仅是把昆明湖作为颐和园内的一处水面来看待。自从对大运河产生兴趣后，我才知道，昆明湖曾经是元代通惠河的一部分。

元代，昆明湖称瓮山泊，因位于瓮山脚下而得名。为增加大都城漕运水源，郭守敬主持开挖了通惠河，引昌平白浮泉入瓮山泊，再经长河入城内积水潭。可以说，瓮山泊是北京最早的水库，没有瓮山泊对水量的调蓄，就不会有通惠河的通畅。

明代，昆明湖称“西湖”，周边建起多处皇家园林。清代，乾隆皇帝为给母亲祝寿，扩建西湖，并将其名字改为昆明湖。

乾隆为什么要将西湖的名字改为昆明湖呢？原来，这里面有个典故。西汉时期，汉武帝欲攻打西南的滇国，为操练水军，在长安（今西安）郊外挖了一座湖。在给湖起名时，汉武帝想到，滇国有昆明池（滇池），干脆就把这座湖叫作昆明池吧。

目标锁定后，汉武帝如愿以偿，很快拿下了滇国。乾隆将西湖的名字改为昆明湖，皆因仰慕汉武帝的武功。由“池”到

“湖”，乾隆的气魄超过了汉武帝。

我曾到西安寻访过昆明池，如今，它被打造成了一个水上公园，园内有关于昆明池来历的介绍。迎面一座巨大的雕塑，展现了汉武帝手持宝剑、目视前方，威风凛凛地立于船头的英武形象。

昆明湖面积占颐和园的四分之三，以西堤和支堤相隔，分为东湖、西北湖和西南湖。其中，东湖的面积最大，西北湖（又称“团城湖”）的面积最小。

这么多的水，从哪里流进来，又流到哪里去呢？

过去，昆明湖的水主要来自京密引水渠和北长河。京密引水渠的水来自密云水库（潮白河水系），北长河的水来自玉泉山。南水北调中线开通后，昆明湖又多了一股水，这三股水最

▼ 团城湖，背景为玉泉山

终都汇入团城湖。

团城湖是北京市民的生活饮用水水源地，属于一级水源保护区，环湖装有高大的护网。虽然不能进入，但透过护网上的小窗口，可以观赏团城湖景色，包括嬉戏的水鸟。

昆明湖的出水口主要有两个，一个在绣漪桥处，湖水出绣漪桥后即为南长河；另一个在文昌阁以南的二龙闸处。二龙闸是二孔闸，湖水从东堤下流出颐和园。颐和园围墙外，有一条东西走向的路，名字就叫二龙闸路。二龙闸路下面是一条暗沟，一直通往圆明园，而圆明园水系又是与万泉河相通的。

昆明湖环湖一圈 8 公里，我分段走完全程。环湖行走，最让我感兴趣的是东堤的那只铜牛——昂首竖耳，神态逼真。每次路过这里，我都要驻足观赏一番。

古代先民面对滔滔洪水，束手无策，往往求助于神灵，铸造神牛震慑河神便是习俗之一。最初，人们将神牛沉入水底，后放置到岸上。我在黄河岸边的蒲津渡和大运河畔的邵伯古镇见过镇水神牛，它们的作用相同，只是个头大小不一。

通常情况下，我们看到的神牛都是铁铸的，但昆明湖畔的这只神牛却是用铜铸造的。原因在于，它是奉乾隆皇帝之命而立的，所用原料来自皇家铸币厂。由于铜牛外观呈金黄色，又被称为“金牛”。

围绕这只铜牛，有个传说：乾隆晚年耽于享乐，把自己比作玉皇大帝，把昆明湖比作天河。铜牛立好后，乾隆将它比作牛郎。有了牛郎，就要有织女，于是，乾隆又命人在昆明湖西侧建造织房、染房、蚕房，种植桑树，并将此处命名为“耕织图”。

行走在昆明湖畔，最惬意的是走西堤。西堤上建有 6 座桥，由北向南依次为：界湖桥、豳风桥、玉带桥、镜桥、练桥和柳

▲ 耕织图景区内的农人耕作画面

桥，简称“西堤六桥”，系乾隆年间仿杭州西湖的苏堤而建。

春和景明之时，西堤两岸桃红柳绿。微风吹过，花瓣飘飘洒洒地落到水面上，更有黑天鹅和鸳鸯怡然自得地游弋在花枝之下，恰似一幅江南春色图。

昆明湖水域东侧有一座十七孔桥，西连南湖岛，东接昆明湖东堤，仿卢沟桥和苏州宝带桥而建。每年冬至前后，桥洞被夕阳照亮，景色极为壮观。此景被摄影爱好者发现，称其为“金光穿洞”，可惜我一直没有见过。

行走攻略

可乘地铁4号线在北宫门站下车，D（西南）口出，也可乘西郊线有轨电车在颐和园西门站下车。

园内东堤和长廊一带人多，西门一带，包括团城湖和耕织图景区较为清静。南湖岛上有广润灵雨祠，俗称龙王庙，为乾隆皇帝祈雨之处。可找一找昆明湖的进水口和出水口，增加对昆明湖水系的了解。

颐和园博物馆位于昆明湖东岸的文昌阁旁，规模不大，但展出内容丰富，包括明清山水画、中外进贡礼品和大运河文物等。

什刹海

什刹海东南角，火神庙西侧，立有一块褐色巨石，上面刻着“京杭运河积水潭港”。

这八个字，道出了什刹海的不凡身世。

今天的什刹海由前海、后海和西海组成，而在元代，什刹海三海本是一块水面，时称积水潭，蒙古人称“海子”。当时的积水潭北岸在今天的德胜门西大街一带，包括已被填平的太平湖，面积远比现在大，水也比现在深。站在积水潭边，只见烟波浩渺，汪洋如海。

13 世纪，蒙古人攻入金中都（今北京），废弃原城池，另建新都。元世祖忽必烈将建新都的任务交给了刘秉忠。刘秉忠精通天文、地理、典章和易术。他本着“以水定城”的理念，在积水潭东岸划定了一条南北方向的中轴线，整个大都城建设都围绕这条中轴线展开。

大都城水系的设计则由刘秉忠的学生郭守敬负责。至元三十年（1293 年），通惠河全线贯通，积水潭成为京杭大运河北端的终点码头。

明代，积水潭面积大大缩小。其原因，一是大将徐达率军攻占元大都后，将大都城的北城墙南移5里，由健德门—安贞门一线移至德胜门—安定门一线，积水潭西北角水域被隔在了城外，形成了后来的太平湖；二是宣德年间，皇城东扩，通惠河在城内的一段被圈入皇城，漕船不能驶入城内；三是老百姓在湖边开田种稻，圈地建房。

余下的积水潭水面后被“切了西瓜”，从一块变成三块，积水潭的名字也变成了什刹海。

“糖葫芦……”，摄于什刹海岸边

切割什刹海的桥有两座，一座是德胜桥——将西海和后海分开；一座是银锭桥——将后海和前海分开。

德胜桥因临近德胜门而得名。该桥建成后，桥西称积水潭（西海），桥东称什刹海。后来，什刹海北部又建起了一座银锭桥。桥西北部分称后海，桥东南部分称前海。在老北京人口中，西海、后海和前海称“后三海”，与“前三海”（北海、中海、南海）相呼应。

银锭桥因形似银锭而得名。这里是北京城内观赏西山的最佳地点，有“城中第一佳山水”之称。20 世纪 80 年代，西侧盖起了积水潭医院的高楼，将西山遮住。几年前，在市民的呼吁下，市政府责令医院将高楼“削平”，“银锭观山”景色得以再现。

需要提及，人们常说的积水潭，指的是后三海中面积最小的西海，与元代的积水潭不是一个概念。临近西海的地名除积水潭医院外，还有积水潭桥、积水潭地铁站等。

今天的什刹海是北京城内游览休闲的最佳选择之一，看看那些由小旗引领的旅游团队就知道了。相比之下，我更喜欢西海。几年前，这里建成了湿地公园。环湖徒步，游人稀少，岸边芦苇丛生，野趣盎然。有一次，我在岸边看到一群绿头鸭，没等我靠近，它们立即“集体行动”，迅速掉转身来，游向湖心。

2024 年 10 月，游人惊喜地发现，西海岸边来了几位“不速之客”——颈部细长的黑天鹅。黑天鹅是候鸟，春季北迁，秋季南迁，这群黑天鹅应当是南迁途中在此落脚的。

什刹海的水来自北护城河，经郭守敬纪念馆一位志愿者的指点，我在汇通祠山脚下找到了标有“连海水门”的进水口。

什刹海的出水口有两个，一个在前海东侧，湖水经万宁桥（澄清上闸）流入玉河。一个在前海南侧，湖水从地安门西大街下面的涵洞流入北海。这里原来建有西压桥和西压

▲ 西海湿地的黑天鹅

闸，今天来到北海公园北门，可以看到东侧的人行道明显高出街面。

明代的《帝京景物略》用“西湖春、秦淮夏、洞庭秋”来形容什刹海。作家老舍出生在西海南侧的小羊圈胡同（现小杨家胡同），他在作品中有这样的描写：

> 到了得胜桥，西边一湾绿水，缓缓地从净业湖向东流来，两岸青石上几个赤足的小孩子，低着头，持着长细的竹竿钓那水里的小麦穗鱼。桥东一片荷塘，岸际围着青青的芦苇。几只白鹭，静静地立在绿荷丛中……

▼ 什刹海冰场

文中提到的净业湖，是积水潭的别称。

今天的什刹海仍然是北京最有吸引力的地方之一。就拿冬季来说，什刹海冰场每年都吸引着众多的冰雪爱好者。我从黑龙江来北京上学时，随身带了一双冰鞋，一到冬天，必来这里滑冰，令南方来的同学很是羡慕。什刹海，让我找到了家乡的感觉。

行走攻略

什刹海三海环湖步道一圈 6.2 公里，可一次性徒步走完，也可一次走一块水面，分三次走完。

除了四季风景，什刹海周边还聚集着众多人文看点——胡同、四合院，王府、庙宇、钟鼓楼……如想对什刹海有全面了解，可参观位于烟袋斜街的广福观，里面设有什刹海文化展示中心。

位于西海北岸的郭守敬纪念馆对北京大运河有详细介绍，这里常年举办针对中小学生的运河文化科普活动，很受欢迎。

第三章 河流

南长河

南长河在历史上称长河。作为一条引水河道，长河在金代就已开凿，元代郭守敬引白浮泉水到瓮山泊（昆明湖），再至积水潭，后半段走的就是长河。

长河也曾是历代帝后前往西郊的水道，为皇家御河。清代，慈禧太后去颐和园避暑，多走长河，因此，长河又有“慈禧水道”之称。

俗话说，天坛看松，长河看柳。《帝京景物略》用“夹岸高柳，丝垂到水”来形容长河。自明清以来，长河就是京城人郊外踏青之地。

1949 年后，北京市规划治理河道，将玉泉山至昆明湖的河道命名为北长河，将昆明湖至什刹海的河道命名为南长河。

南长河的起点在昆明湖绣漪桥，河水南流至长春桥，再折向东南，过麦钟桥、万寿寺、广源闸、紫竹院、五塔寺、动物园、高梁桥，经过转河，在德胜门西松林闸处注入北护城河，然后经铁灵闸（原名铁棂闸），在汇通祠东侧山脚下注入什刹海的西海，全长 11 公里。

我曾多次走过南长河的不同河段，给我的感觉，这是一条自然风光与人文景观兼具的水道，是户外行走的好线路。

先说绣漪桥，它是昆明湖最大的出水口，位处颐和园南如意门内。绣漪桥是一座单孔高拱桥，形似罗锅。传说，乾隆皇帝常与宰相刘墉（刘罗锅）斗嘴，却又斗不过他，只好到绣漪桥上跺脚出气，边跺边说：“我踩你的罗锅，我踩你的罗锅。”

出南如意门，沿长河西岸南行，快到火器营桥时，可以发现河岸上立有一座石碑。这座石碑名叫金水河诗碑，碑文为乾隆皇帝御笔。金水河，开掘于元代，源头在玉泉山，其流经路线与南长河平行，在和义门南水关进入大都城。金水河为大内

▼ 绣漪桥，形似罗锅

（皇宫）用水，不容污染，河道交叉处采取“跨河跳槽”方式，如有饮马、洗手者将受鞭笞惩罚。清乾隆年间，金水河改道，河水在此处汇入长河。

麦钟桥原名埋钟桥。传说，明初，朝廷铸造了一口大钟，悬挂于万寿寺钟楼内。明末，钟楼被毁，大钟被僧人埋藏在南长河的一座桥边。清乾隆年间，朝廷决定将大钟移到觉生寺悬挂。埋藏大钟的地方后被称为埋钟桥，后谐音为“麦钟桥”，觉生寺也改称为大钟寺。

20 世纪 50 年代，麦钟桥被拆毁，后在原址东侧建起了一座行人便桥。走到这里，可以看到，岸坡上写有“古麦钟桥遗址”几个大字。

万寿寺始建于唐代，明代和清代多次修缮。清乾隆皇帝曾三次在寺中为母亲祝寿。慈禧太后乘船沿长河前往颐和园途中，要在万寿寺歇脚、梳妆、拈香礼佛，在西跨院吃茶点吸鸦片，故万寿寺又有“京西小故宫”之称。

几年前，万寿寺经历了一次大修。走进山门，可见深庭广厦，雕梁画栋，又有曲栏回廊、御书碑亭、青石假山、苍松翠柏。我在院落尽头处看到一座西洋门，与恭王府内的那座西洋门很相似，中式建筑群中出现异国情调，实不多见。

由万寿寺东行几百米，就是广源闸，过闸就是紫竹院。清代，帝后乘龙舟前往西郊，都要在紫竹院的紫御湾码头下船，到行宫休息，到紫竹禅院进香，然后乘轿到万寿寺码头，乘船继续前行。

由紫竹院东行数百米有五塔寺，过了五塔寺就是动物园。动物园西北角，南长河岸边，有一座西洋式建筑，名叫畅观楼。

20 世纪初，大清帝国风雨飘摇，朝廷为自救，推行新政，派五大臣出国考察。其后，朝廷在西直门外建起农事试验场。一同建成的，还有供帝后出行享用的畅观楼。

畅观楼是目前北京地区保存最完整的欧式建筑，也是唯一保存完整的皇家行宫。可能由于位置较偏的原因，很多来动物园的游客都没注意到这座美轮美奂的建筑，我也是几经打听才找到的。

▼ 秋天的五塔寺，银杏金黄

过了北京展览馆后湖就是转河。1905 年，詹天佑修建京张铁路，为建西直门火车站，将高梁桥以东的河道改为向北折行一公里，至文慧园路，再向南折，与北护城河相接，形成一个“几”字形的“转河”。1977 年，由于修建地铁太平湖车辆段，高梁桥以东的转河被改为暗河。

2002 年，水务部门本着“人水相亲、回归自然”的理念，将转河旧河道亮了出来。沿河修建了长河遗梦、生态公园、叠石水景、滨水游廊、亲水平台和绿色航道。沿河行走，人少清静，少有干扰。

行走攻略

转河北部从地下涵洞穿越京张铁路，一道挡墙将转河分为西段和东段。走到这里，需要继续北行，绕行学院南路的明光桥。

五塔寺的最佳游览季节是秋季，此时银杏叶变黄，非常适合拍照。南长河开办有水上旅游线路，游船由动物园内的御码头出发，途经紫竹院内的紫御湾码头，至颐和园南如意门码头。游人也可选择在紫御湾码头上下船。

乘船游览的最佳季节是春天，此时，南长河两岸杨柳依依，春意盎然。

玉　河

说起玉河，很多人感到生疏，包括一些老北京人。原因很简单，在过去的几十年里，这条河一直被埋在地下，是一条暗河。

元代，通惠河贯通，漕船可由通州一直驶入大都城内的积水潭。通惠河在积水潭以下的走向为：万宁桥—东不压桥—北河沿和南河沿大街—台基厂二条—船板胡同—北京站（泡子河）—通州。

从地名中不难判断，北河沿和南河沿大街是河道经过的地方。今北河沿大街西侧有北河胡同、骑河楼街、沙滩北街、沙滩后街、沙滩南巷等，其名字都来源于当年的通惠河。

明朝初年，皇城东扩，通惠河的一部分被圈入城墙内，改称玉河（也称御河）。此后，玉河失去了漕运功能，漕运的终点码头也由积水潭改为城外的大通桥。将玉河纳入皇城的原因很多，如嫌过往漕船吵闹，满足皇城供水需求，为皇城增加景观等。

同时，玉河的走向也发生了变化——南出皇城后，经今正义路入前三门护城河，再经崇文门至东便门，流往通州。

玉河上有座东不压桥，建于明永乐年间。东不压桥这个名字听起来有些怪怪的，其来历有多种说法，一种说法是，东不压桥最早叫“东步粮桥”，与之相对，在地安门以西，今北海公园北门外，还有一座“西步粮桥”。元代，这两座桥附近是布匹和粮食的交易集市，慢慢地，“布粮”演化成了“步粮”，后又演化成了“不压”。

还有一种说法是，东不压桥与西不压桥分列地安门东西两侧，明代扩建皇城，北墙压在西边的桥上，故称“西压桥”。而东边的桥没被压上，故称“东不压桥”。

“柳塘莲蒲路迢迢，小憩浑然溽暑消。十里藕花香不断，晚风吹过步粮桥。”这是晚清诗人李静山在什刹海乘凉赏荷时所咏的一首竹枝词。不难想象，步粮桥一带曾是京城的一道亮丽风景。

东不压桥为桥闸一体建筑。这里说的闸即“澄清中闸”，为通惠河 24 闸之一。明皇城东扩后，玉河故道失去行船功能，澄清中闸被废弃不用。

清朝末年和民国时期，玉河被部分改为暗沟。20 世纪 50 年代，北京大搞城市建设，玉河被全部改成暗沟，上面被铺设成马路。同时，玉河沿线的桥梁，包括东不压桥，或被拆除，或被埋于地下。

▲ 玉河庵旧址，时值秋季，银杏变黄

2007 年，在侯仁之等人的呼吁下，北京市实施“玉河历史文化恢复工程”，首先完成了万宁桥至东不压桥的上段河道恢复，其后又完成了东不压桥至澄清下闸的下段河道恢复。玉河由暗变明，昔日“水穿街巷”的历史景观再现京城。

恢复后的河道长 1.1 公里，起点在万宁桥，终点在北河胡同东口、水簸箕胡同北口，邻近皇城根遗址公园。其中，上段长 500 米，下段长 600 米，上下段的分界点就是地安门东大街上的东不压桥。我有一位同事，家住北河胡同，他打小就听老辈人说，胡同下面是一条河，但直到近年才见到它的真容。

与东不压桥一起恢复的，还有玉河庵。我在玉河庵门前看到一座石碑，据考古队负责人张中华在“云上运河”节目中介绍，这是考古队在两年的发掘中最有价值的发现。当时，他们对这条河道究竟叫“玉河”还是“御河”，心里没谱。玉河庵碑的出土令他们喜出望外，于是便毫不犹豫地将这段河道定名为玉河。

玉河庵现为春风书院使用，由于濒临玉河，交通方便，很多年轻人喜欢来这里看书、聊天、上网、喝咖啡。

重见天日的玉河，由万宁桥至东不压桥，一幅小桥流水人家景象，更有亭台水榭探入水面。玉河两岸也不乏深宅大院，一位正在遛弯的老大爷指着旁边的广亮大门，说，知道吗，这是某位体育明星的宅子。在东不压桥西侧，我看到一座石碑，

▲ 玉河庵门前的运河文化墙，图中人物为郭守敬

上书“通惠河玉河遗址”，落款是徐苹芳，著名水利专家。

由东不压桥向南，玉河穿过地安门东大街，东流至澄清下闸。河水流到这里，变浅变窄，行人踩着踏脚石就能过河，有小孩子在河边戏水玩耍。引人注目的是，岸边有一座《京杭大运河风物图》青铜浮雕，厚重古朴。自白浮泉开始，直至钱塘江，京杭大运河沿途的民风景物全被浓缩在这幅百米长卷上。

我曾多次沿玉河故道行走，每次都有意犹未尽的感觉，毕竟恢复后的河道太短，希望有一天整条河道都能“亮出来”，那时再走，感觉一定会更好。

行走攻略

玉河故道不长，很容易走。走完明渠，不妨“延伸”一下，走走暗渠——北河沿和南河沿大街。沿途看点很多，如皇城根遗址公园、中法大学旧址、北大红楼、东安门（东安桥）遗址、菖蒲河公园等。

东不压桥胡同东接雨儿胡同和福祥胡同，穿过这两条胡同，就是人气火爆的南锣鼓巷。东不压桥胡同28号为詹天佑故居，现为居民院。

东不压桥南，玉河故道东岸，有北京基督教宽街堂，对外开放。

通惠河

通惠河西起东便门护城河，东至通州北关，长 21 公里，我分段走完了全程，有些路段走过数次。

这里说的是现在的通惠河，历史上的通惠河远比今天长。

元朝定都北京后，“国之大者”是漕运。继引玉泉水济坝河之后，郭守敬又提出引昌平白浮泉及沿线泉水济漕河。看过郭守敬的方案，忽必烈大喜，下令“当速行之”。

至元二十九年（1292 年），忽必烈任命郭守敬为太史令兼都水监，负责新漕河的设计和施工。动工之日，忽必烈命丞相以下官员一律扛锨挑筐，去工地干活儿。一年后，工程竣工。

忽必烈自上都巡幸回到大都，看到积水潭上舟楫往来，舳舻蔽水，龙颜大悦，当即为这条河赐名“通惠河”，取“通达京师，惠及天下”之意。

通惠河的建成打通了京杭大运河的“最后一公里”，来自江南的漕船即可经通州一直驶入元大都城内的积水潭码头。

北京的地势为西北高东南低，大都城到通州有二十多米的落差。为节制水流，实现“逆水行舟”，郭守敬在通惠河上设置了 24 座水闸。这些水闸一般两两配合，对两处高差较大的水闸，即平津闸和澄清闸，中间再增设一道中闸。

过闸时，闸夫先打开第一道闸门，待水位上下一致后，漕船开进两道闸门之间的闸厢。第一道闸门落下，第二道闸门升起，待水位一致后，漕船开出闸厢通过第二道闸门。

在中国古代，这种水利工程是一项了不起的创造，这种梯段式行船原理今天还在使用，我在长江上坐过几次船，过葛洲坝和三峡大坝时，看到的情形几乎与此完全相同。

通惠河通航后，“岁漕二百余万石”，不仅方便了南北物资

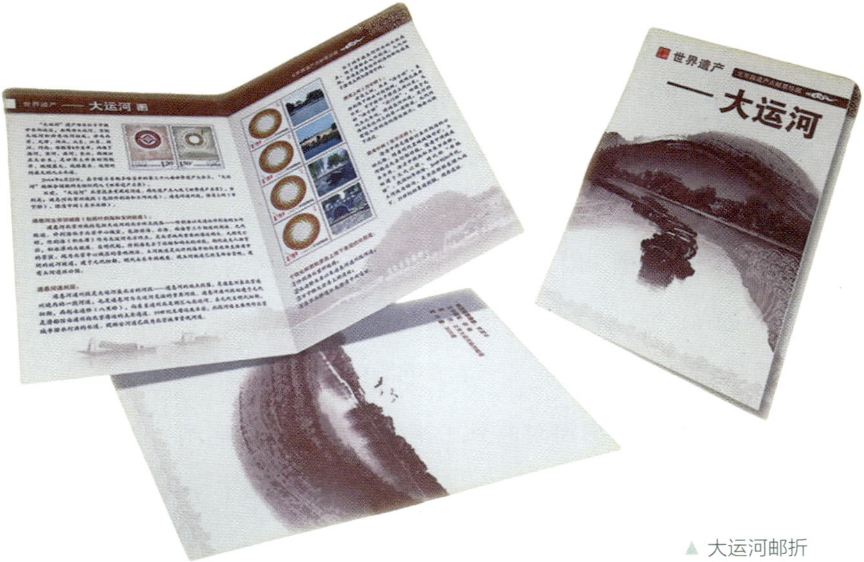

▲ 大运河邮折

的交流，也大大节省了成本。都知道河运成本低于陆运成本，但究竟能低多少，说法不一。我就此事请教过陈喜波教授，据他研究，河运成本是陆运成本的六十分之一，悬殊如此之大，简直令人不敢相信。

明朝初年，朱元璋定都南京，通惠河作用下降，河道淤塞。朱棣迁都北京后，白浮瓮山河被废，宣德皇帝又将皇城墙东扩，漕船不能进入城内，积水潭不再作为漕运码头，通惠河淤塞更为严重。

明嘉靖七年（1528 年），御史吴仲上奏朝廷，请求重开通惠河，得到批准。随后，工部在通州设立了专管河道的机构——司空分署。今通州尚有司空小区和司空分署街这样的地名。古代，司空是一个寻常小官，据说“司空见惯”一词即由此而来。

在吴仲的主持下，通惠河疏浚工程很快完成。重修后的通惠河起点在东便门外的大通桥，终点在通州城北。同时，吴仲在通惠河上设置了“五闸二坝”。

五闸指的是，对元代旧闸进行调整，自西向东设置庆丰闸、平津上闸、平津下闸、普济闸和通流闸五道闸口；二坝指的是，在通州北门外建石坝码头，东门外建土坝码头。

我在行走通惠河时看到了平津上闸（高碑店闸），另外四闸或者踪迹全无，或者仅存遗址。石坝码头和土坝码头也早已拆毁，不见任何遗迹。

吴仲在通惠河口处新开“泊船潭”（后称葫芦头），漕粮经石坝码头搬运到泊船潭，装上驳船。驳船驶入通惠河后，经各道闸口逐级递运，直至大通桥。

重修后的通惠河又称“大通河”，意为大通桥至通州的河道。此时的通惠河实现了真正的通航，漕粮早上从通州启运，晚上即可到达京城，每年运输粮食近200万石，节省运输费用11万两银子。

吴仲治河，造福一方，被人们尊为“河神”。通州原建有一座“吴公祠”，现已不存，但在通州大运河森林公园内仍能看到吴仲的雕像。

▼“通惠河畔”牌楼

近代，火车的轰鸣声取代了运河的摇橹声，漕运日衰。1901 年，李鸿章奏请漕粮改折，即将征收漕粮改为缴纳银两，运河的漕运功能就此停止。随着京杭大运河结束漕运使命，通惠河逐渐变为城区的一条排水河道。

1949 年后，北京市多次对通惠河进行治理，包括疏浚河身、扩展河床、打通卡口、绿化美化河道。在我走过的众多北京河道中，通惠河是最值得一走的户外线路。沿河行走，水清岸绿，步道规整。而且，越走越繁华、越走越时尚，商铺、酒店、画廊，目不暇接，如临秦淮河畔。

城市副中心火了通州，也火了通惠河。

行走攻略

大通桥遗址在东便门桥北，这里也是通惠河的起点。起点北岸立有一块“大通闸遗址”石碑，有围栏，需细心寻找才能发现。

通惠河终点在通州北关，这里是五河交汇处。五河指的是通惠河、温榆河、小中河、运潮减河、北运河。“五河交汇”为通州一景，值得观赏。

走河注意安全，尽量不要接近水面；不忘环保，爱护一草一木；随身携带垃圾袋，集中投放垃圾。

温榆河

北京有一条唯一发源于境内的河流，它就是温榆河。

温榆河由东沙河、北沙河和南沙河三条支流汇聚而成，起点在昌平沙河水库，终点在通州北关，下接北运河，中间有清河和坝河汇入，长 47 公里，我分次走过一半多的路程。

历史上的温榆河河道宽阔，河水流量大，为北京地区最早被开发利用的河流之一。我猜测，温榆河名字的来历可能与其水性有关，理由是，温榆河两岸多温泉，今有小汤山温泉、九华山庄温泉、温都水城等。在北京地区，其他河流均不存在这种现象。

温榆河曾发挥过重要的漕运功能。元代有“双塔漕运”，明代有“巩华城漕运”，清代有“会清河漕运”。漕运停止后，温榆河的功能转为供水、灌溉和排洪。1908 年，清政府筹建“官督商办”的京师自来水股份有限公司，两年后建成以温榆河为水源的地表水源厂——孙河水厂，通过东直门配水厂向北京城区供水。

与西边的永定河和东边的潮白河相比，温榆河比较稳定，从古到今，河道几乎没有大的变化，而且较少灾害。千百年来，温榆河两岸的老百姓，不管男人还是女人，都离不开这条河，他们祖祖辈辈的生计都来源于这条河。他们的喜怒哀乐、酸甜苦辣都系于这条河。正如民谣中所唱的那样："铜帮铁底温榆河，一边清来一边浊，哼哟……哼哟……女人的心啊随船走，男人的汗水留在老河口。"

沙河水库是北京少有的候鸟落脚点之一。我有一位驴友，家住沙河镇，他对我说，过去沙河水库芦苇茂密，鸟类繁多，拨开芦苇就能看到水鸟。近些年，河道整治，芦苇减少，鸟类也不如以前那么多了。

▼ 沙河水库的观鸟者，远处为沙河闸

尽管如此，今天的沙河水库仍然是北京的一处主要观鸟之地。我每次来这里都会遇到很多持“长枪短炮”的摄影爱好者。有人在这里拍到了黑颈鸊鷉，这是一种国家二级保护动物，黑嘴巴，红眼睛。看它们在水面上“漂飞”，犹如在看轻功表演。

我最近一次去沙河水库时，遇见了一群环保志愿者。他们中间有中小学生，也有家长带着孩子，有人在专心致志地捡拾游人丢弃的垃圾，有人在一旁做记录。我走上前，看了一眼她们的记录表，上面记有日期、地点、垃圾类别等。询问得知，她们来自自然之友湿地守护小组。对她们的环保公益行为，我敬佩有加。

▲ 水库边的环保志愿者

温榆河畔，最大的亮点莫过于温榆河公园。公园位于清河与温榆河交汇处，地跨朝阳、顺义和昌平，规划面积 30 平方公里（相当于 10 个颐和园），集生态涵养、生境修复和蓄滞洪功能于一体，兼顾文化、休闲和体育等多种功能，是北京地区最大的“绿肺”。

2023 年 12 月，我以“特邀专家”的身份参加了“温榆河公园年度工作技术交流会”。据会上介绍，公园的目标是“一年启动、两年示范、五年成型、十年保育、多年成景”，实现“三季有花、四季有景”。

据介绍，公园内目前能见到中华秋沙鸭、黄胸鹀、大鸨、青头潜鸭、黑天鹅、冠鱼狗、凤头鸊鷉和鸳鸯等珍稀鸟类。其中，中华秋沙鸭是国家一级保护动物，对生存环境的要求极高，是典型的河流生态指示物种，目前主要繁衍于东北长白山和小兴安岭林区。

温榆河水润田地，公园在建设时保留了多片农田，种植天隆优 619 水稻，糯 336 复合型鲜食玉米，以及莲藕、油葵、油菜等蔬菜作物。由此，这里也成了城市少年儿童学农劳动的一个固定场所。

据《北京日报》报道，2024年10月15日，温榆河公园（朝阳段）举办了首届开镰节，来自北京八十中温榆河分校和金盏学校的上百名学生来到公园，在农业专家的指导下，挥镰割稻。

稻穗垂，蟹正肥，收割完水稻，学生们还挽起裤腿，下田捉蟹，享受劳动之余的乐趣。

温榆河公园是“通州堰”的一部分。按照规划，公园最大蓄滞洪水能力为1200万立方米，可以有效削减温榆河和清河的洪峰流量，为下游地区提供河湖生态景观用水。

通州堰是北京城市副中心的防护体系，主要包括两座分洪枢纽（尹各庄枢纽和北关枢纽）、两条分洪通道（温潮减河和运潮减河）、两处滞蓄洪区（宋庄和温榆河公园）。目前，除温潮减河工程尚在施工外，其他四项工程均已完工并发挥作用。

行走攻略

温榆河流经昌平、顺义、朝阳和通州，远离市中心，略显荒野，生态原始。

特别推荐沙河水库和温榆河公园。沙河水库西临昌平新城滨河森林公园（沙河），乘坐地铁昌平线在巩华城站下车，出B2（东）口即为公园西门。温榆河公园分东园和西园，西园较大，东园较小，有公交933路、855路和319路可达。

可找找清河和坝河入温榆河河口，千条江河归大海，河流交汇处总会给人带来遐想。

北沙河

北沙河，温榆河的正源，上游即北京人熟知的关沟。

地理学上习惯将关沟作为太行山与燕山的分界线，关沟以东属燕山山脉，关沟以西属太行山脉。

关沟又称军都陉，因北面有军都山而得名。军都陉为太行八陉中最北一陉，自古为中原通往塞外的重要通道。陉，指山间的峡谷和通道。

明代，军都陉建有八达岭（北口）、上关、居庸关、下关（南口）四道关隘，设重兵把守。清朝末年，由詹天佑主持修建的京张铁路由沟谷穿过，如今有京藏高速从沟谷中穿过。

2023 年 6 月，我随中国国家地理科考队走过一次太行八陉，那次行程中没有军都陉。有遗憾就要弥补，几个月后，我与几位驴友相约，爽爽地走了一次关沟古道，从居庸关到八达岭，全程下来 10 公里。

关沟是一条沟谷，也是一条河流。我在行走关沟时，发现水流很小，只能称其为溪流，这也许是秋天的缘故。由南口开始，关沟河水继续南流，约 11 公里后，在双塔村与西流过来的四家庄河汇合。两条河汇流后，开始向东流，直至沙河水库，这一段便是北沙河。

元代，北沙河称双塔河，为漕运河道。元代帝王是“候鸟”，每年三四月份由大都起驾前往上都（今内蒙古锡林郭勒盟正蓝旗）避暑，八九月份返回大都过冬。帝王往返多走关沟古道，为保障这一带驻军的粮食供给，朝廷决定开凿“双塔漕渠”。

双塔漕渠利用的是北沙河河道。漕船由通州出发，沿温榆河溯流而上，进入双塔漕渠。漕粮在双塔村码头卸载后，存入粮仓。

双塔漕运持续 30 年之久。通惠河贯通后，源于西北部的山泉水被截流到白浮瓮山河，双塔河水量减少，无法通航，双塔漕运终止。

2024 年 1 月的一天，我踏着积雪，由沙河北大桥（朝宗桥）出发，沿北沙河徒步前往双塔村。雪后的河岸很难行走，我有几次差点滑倒。不得已，我找来一截树枝，稍加修理，当作手杖。

很幸运，路上，我遇到了双塔村村民老顾。他陪着我，一路走，一路聊。交谈中得知，他与我同岁，自小在双塔村长大。老顾很健谈，他说他喜欢家门口的这条河，每天都来河边走走，也经常遇到像我这样的“走河”者。

“听老人讲，双塔村过去有码头，有粮仓。”老顾说，多年前，河边挖出过一头镇水铁牛。那时候，人们没有文物保护意识，小孩子每天围着铁牛玩耍，将牛角砸坏，文物部门得知后，将铁牛拉走了，据说现在存放在博物馆里。

我对双塔村这个名字的来历有些好奇。老顾说，过去村子里有两座塔，一南一北，据说建于辽代，何时毁损已说不清楚。

不知不觉来到了西闸村，老顾说，过去这里建有水闸，河

▲ 冬日北沙河，河道干枯

对岸还有一个东闸村，他小时候见过水闸遗址，现在什么都看不到了。

北京京郊的很多古村落都与河流有关。追寻历史，西闸村和东闸村兴起于元代的双塔漕运，至今已有800多年的历史，而且村名一直没有改过，这种情况恐怕不多见。

在双塔村村头，我看到了架在北沙河上的双塔大桥。这里是两条河交汇之处，一条自北而来，这便是关沟（又称辛店河）；一条自西而来，这便是四家庄河。

离开双塔村，我沿着关沟向北行走，过了北六环，就是顺沙路。此前，我曾从辛店桥出发，沿关沟向南走到顺沙路，这两段路合起来约6公里。

元代，双塔漕运兴盛一时。随着朝代的更迭，漕运路线发生变化，北沙河沿岸的繁华不再。明代，漕粮运输终点改到巩华城，称“巩华城漕运”。清代，漕粮运输终点改到清河镇，称“会清河漕运”。

漕运兴盛时，北沙河河道很宽，河水很深。漕运终止后，北沙河逐渐淤积，河道变窄，河水变浅。北沙河这个名字也不再为人们熟知。

沿北沙河行走，我看到有挖土机在清理河底淤泥。老顾说，去年7月的那场暴雨，这里是重灾区，河水漫出河堤，庄稼被冲毁，牛羊被淹死，损失严重。他们在政府部门的组织下，及时转移，才免于灾难。

老顾接着说，大水过后，政府部门开始治理河道，计划将北沙河两岸打造成景观带。听了他的话，我很高兴，下次再走北沙河，就不用再走坑坑洼洼、绕来绕去的路了。

行走攻略

双塔村南有公交303路，站名西闸站，可换乘地铁16号线；村北有公交昌58路支线，站名横桥西站，可换乘地铁昌平线。

双塔大桥西北有土城村，村中有军都故城遗址，可顺便参观。军都故城建于战国末期，曾为昌平县治所。

北沙河沿线比较荒凉，没有补给处，须带上足够的干粮和水。建议带根手杖，沿途村庄偶有家犬出没，曾伤过人。

清　河

三年前，我从坝河边搬到了清河边，打那以后，走清河就成了我的一大爱好。

清河，温榆河的支流，西起安河闸，经肖家河、朱房村、清河镇、河北村、立水桥、沈家村、沙子营，入温榆河，全长 23.7 公里。清河的上游是北旱河，源于香山碧云寺和樱桃沟卧佛寺。

远古时期，清河是永定河的河道。随着地质运动，永定河逐渐向南摆动，而遗留在河谷洼地中的水体仍然沿古河道流淌，慢慢形成了今天的清河。

清代，清河是一条运粮河，所运军粮主要供应驻守清河镇和西郊“三山五园”的八旗官兵。漕船自通州石坝码头出发，由沙子营进入清河，溯流而上，将粮食卸于本裕仓和丰益仓收储。

史料记载，康熙四十六年（1707 年），“开会清河，起水磨闸，历沙子营，至通州石坝止”。会清河的主体河道是清河，上游包括万泉河的部分河道，下游包括温榆河的部分河道。“会”字的意思是聚合。

▲ 冬日清河，背景为沙子营闸

水磨闸设在万泉河上，其所在地原来叫水磨村，现在叫水磨社区，位置在清华大学西北部，西邻圆明园。我在行走万泉河时路过了水磨社区，水磨闸已经无处可寻。

本裕仓原址在今天的京藏高速和清河交汇处的东南角，原仓营村，999 急救中心处。据载，本裕仓有三十座仓廒（150 间），有仓房营护卫粮仓和漕运。清朝末年，本裕仓被拆除。这个地方离我家很近，我每次从这里经过都试图发现点什么，但每次都是徒劳。

丰益仓，又名安河仓，建有仓廒十余座，存储粮米主要供应圆明园八旗护军。丰益仓原址在今中央党校院内，据介绍，15 号楼和 17 号楼之间立有一块石碑，上面记载：安河桥南有丰益仓，为清代储运漕粮的官仓，附近的两棵古槐树为仅存的当年遗物。

我在行走清河时，在中央党校北门外看见一座丰益楼，其名字显然来自丰益仓。

清河有两条大的支流，一条是小月河，一条是万泉河，我分别走完全程。行走小月河时，我发现了建于明永乐年间的广济桥。该桥原架在清河上，故又称清河桥，后因河道治理，被移建到小月河入清河口处。广济桥是北京地区现存的一座重要古桥，我向很多人提起，但多数人都没听说过，更不要说看过。

万泉河的起点在海淀区万泉庄。从名字中不难判断，万泉

▲ 清河文化展示墙

河的意思是众多泉水汇聚之河。人民大学校园西门外有一条东西方向的道路，名叫泉宗路。乾隆年间，这里建有一座泉宗庙，该庙由“样式雷”设计，为皇家庙宇。庙内有28个泉眼，泉水流出庙宇后，汇成万泉河。万泉河在这里冲出了八条沟，于是有了“巴沟”这个地名。今天，乘坐地铁10号线，经过一站，名字就叫“巴沟站”。

我在人民大学上学时经常路过万泉河，那时就想，什么时候能够把这条河从头到尾走一次，这一想法直到最近才实现。万泉河有一段河道从清华大学校园内穿过，按我走河的特点，每段河道，每个节点都会不落下。无奈，清华大学校园在当时不对外开放。

清河上建有10座水闸，从西到东分别是：安河闸、肖家河闸、树村闸、京包闸、清河闸、下清河闸、羊坊闸、外环跌水闸、沈家闸、沙子营闸。它们是清河上的重要水工建筑物，也是我行走清河的地标，每当我看到前方出现一座水闸，便心生喜悦，脚步也快了起来。

清河因水体清澈而得名，随着上游水源的减少，加上城市发展、人口增加、污水排放等原因，清河逐渐变成一条严重污染的河道。

我刚搬到清河岸边时，听邻居说，清河过去又脏又臭，让人不敢靠近。近些年，通过建立河长制，迁出北京毛纺厂、北京制呢厂和清河毛纺厂等高污染企业，停止工业污水排放，建立再生水厂等措施，清河“实至名归”，成为一条景观之河。

按照规划，清河拟建七个滨水公园（七龙珠），目前已建成清河之源、清河之洲，正在建设中的有清河之驿等。立水桥至温榆河口建起了滨水慢行系统。今天的清河两岸是周边居民休闲、健身、娱乐、观景的好去处。

说个插曲，我在立水桥东走河时，来了内急，可这里不是荒郊野外，只能坚持。走到沈家闸时，突然看见一个公厕，于是三步并两步冲了进去。事后得知，这是清河管理处在设计滨水慢行系统时，有意让出了一部分闸站空间，改造成了公厕。为游人着想，为环境着想，水务人的做法值得点赞。

行走攻略

清河起点在安河闸桥，临近颐和园北如意门，附近有地铁 4 号线。别忘了找一找清河起点处的“清〇”碑，河道南北各有一块。

立水桥东侧北岸，外环跌水闸处，建有一面展墙，对清河的历史和两岸的文物遗存介绍得很详细。南岸建有观景台，上午九点由东向西拍摄跌水闸效果最好，此时河面上还能看到成群的野鸭子。

滨水慢行系统每个出入口都有共享单车，可供骑行。

坝　河

我在坝河边上的柳芳住过 20 年，对坝河再熟悉不过了。

坝河，温榆河的一条支流，西起二环路北护城河，经光熙门、香河园、太阳宫、将台、东坝、酒仙桥，在沙窝村入温榆河，全长 22 公里。

坝河曾是高梁河故道。早在金代，坝河就用于通漕，后因水源不足被废弃。元代，郭守敬提出“开玉泉水以通漕运”。该项工程包括疏浚玉泉山水源和下游河渠两部分，下游河渠就是金代的漕河，后来的坝河。水量的增加为漕运提供了保障，后经几次大的整治，坝河成为通州至大都城的重要漕运水道。

元代，坝河又称阜通河。阜通，意指货物丰富、渠道畅通。今望京地区有阜通西大街和阜通东大街，地铁 14 号线有阜通站，名字都是打这儿来的。

元代坝河的起点在积水潭，河水出大都城光熙门后东流，与现在的河道一致。坝河上筑有七座大坝，称阜通七坝。漕船从通州出发，由温榆河入坝河，经过阜通七坝，至光熙门。

▲ 坝河文化长廊

元代，光熙门城外商铺林立，人来人往。明代，顺天府尹谢杰将一年一度的打春仪式设在东直门外牛房仓，在光熙门外建春牛亭。每逢牛房打春时节，众人跃马扬鞭，轮番鞭打亭内春牛，寓意新的一年勤勉努力。那时，这一带称牛房，如今，它称柳芳。

阜通七坝自西向东依次为：千斯坝、常庆坝、郭村坝、西阳坝、郑村坝、王村坝和深沟坝。由于年代久远和多次改造，文献记载不详，有些坝址只能推断其大概位置。举个例子，一年前，坝河起点处立起一块“千斯坝遗址”石碑，立即有学者指出，该碑立的位置不对，千斯坝遗址应在此地以北 1000 米处。究竟如何，尚待考证。

阜通七坝为滚水坝，梯级水面，分段行船。漕船从东面（下游）行驶到第一坝后，由该坝扛夫把粮食“倒搬”到坝西面（上游）的空船上，依次递运，最后到达光熙门。粮食卸载后，存于千斯仓。

坝河漕运为解决大都城的粮食供给发挥了重要作用。不过，坝河的“倒搬”方式也存在效率低，成本高的劣势。此外，坝河上游高梁河水源不足，漕运不畅，须陆路分担。这些难题都促使郭守敬下决心，再挖一条人工河，于是就有了后来的通惠河。

通惠河凿通后，坝河与通惠河共同承担漕运任务。小河无水大河干，元朝末年，坝河水源锐减，河道淤积严重，漕运功能衰减，遂成为城区的一条排水河道。

我行走坝河的次数难以统计，但走坝河全程却是疫情期间的事儿。走完坝河干流，我又捎带走完了坝河的三条支流：土城沟、亮马河和北小河。

土城沟，即元大都的护城河，沿河建有元大都城垣遗址公园，留存有元大都水关遗址。每年 4 月，土城沟两岸海棠花满树开放，引来无数游人。亮马河现已被打造成了“国际风情水岸”，可乘游船饱览沿岸景色，被誉为“北京的塞纳河”。相比之下，北小河清静一些。

坝河两岸多数地段建有步行道，是户外活动的好线路。坝河不如通惠河宽阔，但更自然、更荒野、更清净。我的感觉，越往郊区走，心情越舒畅。

坝河沿线，最值得说一说的是郑村坝。郑村坝是阜通七坝之一，元代，此地设有码头，进京漕船须在此交税。换句话说，郑村码头承担着坝河运输的管理职能。

说起郑村坝，很多人没听说过，因为它现在的名字叫东坝。东坝离市区较远，过去交通一直不便。随着地铁 3 号线和 12 号线的开通，东坝不再遥远，因为这两条地铁线均在这里设有站点。

郑村坝是个有故事的地方。明朝初年，建文帝朱允炆为“削藩”，派大军北上讨伐燕王朱棣。这是一场力量悬殊的战

▲ 坝河边的雪人

斗——朝廷派出50万大军，朱棣手下只有8万人。两支军队在郑村坝相遇，双方杀得天昏地暗，危急之时，朱棣手下一个叫马和的年轻人向朱棣献计，并亲率800士兵直捣敌军大营。

战斗结果出人意料，朱棣军队以少胜多，大败朝廷军队。郑村坝之战是“靖难之役”初期具有决定性意义的一仗，朱棣军队从此士气大振，变被动为主动。随后，朱棣挥师南下，三年后从侄子手中夺取了皇位。

为表彰马和在郑村坝的战功，朱棣赐马和姓郑，改名为郑和。没错，他就是后来那位率船队七下西洋的大航海家郑和。什刹海边有条三不老胡同，原名三保胡同，即因三保太监郑和居住于此而得名。

行走攻略

坝河沿岸公园很多，如太阳宫地区的坝河常庆花园、将台乡的将府公园、亮马河与坝河交汇处的东坝千亩湖公园等。光熙门建有坝河文化长廊，展示坝河历史文化。

郑村坝遗址处立有一座高大的牌楼，上书“郑村码头”，为坝河沿线的标志性建筑。走到坝河入温榆河处，别忘了找找“坝河故道”石碑，这里是深沟坝的所在地。

走到坝河终点，可继续南行，3公里后到达通州北关，搭乘地铁6号线。

潮白河

一条潮河，一条白河，两条河汇在一起就是潮白河。

潮河，古称鲍丘水，源出河北省丰宁满族自治县，自古北口入北京密云，西南流注入密云水库。

白河，古称沽河，源出河北省沽源县，于白河堡入北京延庆，经怀柔注入密云水库。

两条河出密云水库后，各自南流，在密云城区西南的十里堡镇河漕村相汇，以下即为潮白河。

东汉以前，潮河和白河各为独立的水系，分头入海。北魏时，两河在潞县（今通州）北交汇。此后，两河交汇点逐渐北移，辽代移至顺义牛栏山。

明朝迁都北京后，为巩固边防，抵御蒙古部落进犯，在密云一带修筑长城，驻扎军队，所需军粮先经潮白河运到牛栏山，再转为陆运。陆路运输费时费力，且耗资巨大。据说，每运一石粮就要两三斗的开销。

嘉靖年间，蓟辽总督杨博提出“以白壮潮”，开白河东道，

▲ 俯瞰潮河，2024年4月摄于古北口

使白河在密云溪翁庄的马头山处南流，在河漕村汇入潮河，这样漕船即可直抵密云城下。潮白河漕运效果明显，但没多久即因河道泥沙淤塞，被迫中断。

到了隆庆年间，刘应节赴任蓟辽总督。目睹边关粮食运输之艰辛，他提出重新疏通河道，恢复漕运。为解除洪水对密云城的威胁，他同时又提议修筑堤坝。刘应节的上疏得到了朝廷的批准。

在考虑堤坝修筑工程总管时，刘应节想到了麾下能力出众的戚继光。众人皆知戚继光以抗击倭寇著名，而鲜为人知的是，他在修筑长城和治理水患方面也颇有建树。

清代，康熙帝下旨，不再修筑长城。康熙有句名言："守国之道，惟在修德安民。民心悦则邦本得，而边境自固，所谓众志成城者是也。”此后，潮白河漕运终止，但民间水运，包括货运和客运，一直存在。

“一条大河波浪宽，风吹稻花香两岸。”潮白河滋润了两岸的土地，为农作物的生长提供了有利条件。顺义是京郊的粮仓，金秋时节，稻浪翻滚。直到今天，顺义仍然是北京最大的粮食产区。

我在首都粮食博物馆看到这样的介绍：东汉时期，渔阳太守张堪在狐奴县（今顺义境内）兴修水利，引水种稻，所产稻米称“清水稻”。这种稻米雪白光亮，油性大，蒸出的米饭香甜可口。

张堪开垦稻田八千余顷，使百姓殷实富庶起来。百姓欢呼雀跃，编了一首童谣：“桑无附枝，麦穗两岐，张君为政，乐不

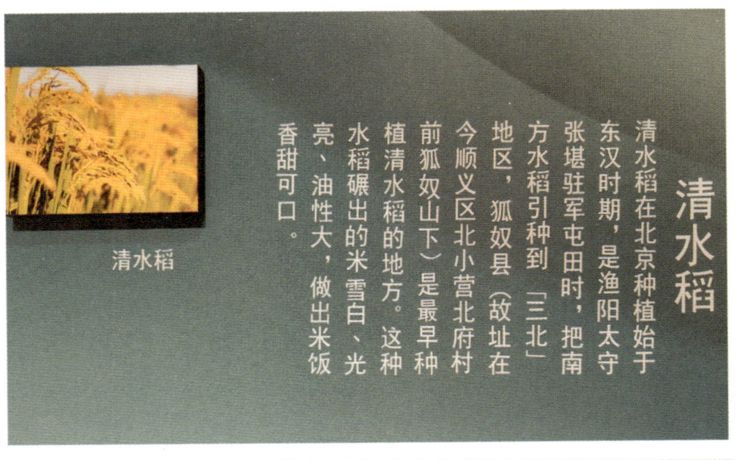

▲ 首都粮食博物馆对清水稻的介绍

可支。”成语“乐不可支”即源出于此。今顺义区北小营镇建有张堪文化园，展示顺义水稻种植的历史，园内还开辟有水稻种植体验区。很多人对张堪这个名字感到生疏，但说起他的孙子、天文学家张衡，人人皆知。

提起顺义，不管是谁，都会联想到二锅头。酿酒需要粮食，而且必须是好粮食。多年前，我所在的单位组织员工到牛栏山酒厂参观，据介绍，早在清康熙年间，牛栏山镇的酿酒业就已经十分发达，慢慢形成了二锅头品牌。二锅头白酒所用原料就是顺义出产的优质高粱和小麦。

潮白河也有“不听话”的时候。潮河和白河出山后，进入平原，河道变宽，流速变缓，摇摆不定，人称“逍遥自在河”。历史上，潮白河灾害频繁。有个笑话，某个村子原本在河东，大水过后，河流改道，村子到了河西，正应了那句老话：“三十年河东，三十年河西。”

治理潮白河一直是北京水利的头等大事。民国十四年（1925年），顺直水利委员会（会长熊希龄）花巨资在苏庄修建了一处现代化水闸，收到显著效果。谁料想，1939年6月的一天，轰隆一声巨响，一场百年一遇的特大洪水将苏庄闸冲毁，潮白河再次夺箭杆河南下，与北运河说再见。

我案头有一本《北京顺义与大运河》，作者是王鹏。王鹏是土生土长的顺义人，多年致力于顺义大运河遗址的寻访，摄影技术超棒。据他在书中讲，苏庄闸工程技术负责人为英国人罗斯，主要建筑材料由国外进口。当年，汛期水位上涨时，30孔泄水闸开启泄洪，白浪滔天，声震数里，蔚为壮观。

苏庄闸为闸桥一体建筑，老百姓称其为“洋桥”，“洋桥破浪”为顺义八景之一。

针对潮白河水患，20世纪50年代，北京市在潮白河上游修建了密云水库，有计划地向下游输水，消除了水害。同时，在两岸植树造林，沿河还建起了很多扬水站，灌溉两岸田地。我曾几次到潮白河徒步，沿河行走，满眼农田、绿地，公园、滨水空间，令人心情格外舒畅。

行走攻略

潮白河沿岸建有奥林匹克水上公园、顺义新城滨河森林公园、潮白河森林公园，还有高尔夫球场。

2024年8月，潮白河通航项目正式运营，游船由潮白河漕运码头出发，环俸伯桥、河南村桥绕行一周，环线长度5.6公里。如从市内出发去河槽村，可乘公交907路，在河槽站下车，步行前往。

推荐收看《云上运河》视频系列节目，相关专家对北京大运河的实地讲解很精彩。

萧太后河

萧太后是历史上的著名人物，把她与河联在一起，背后必有故事。

萧太后，大名萧绰，小名燕燕，辽圣宗之母。其子年幼登位，她被尊为“承天皇太后”，总摄军国大政，临朝称制 21 年。

辽国实行五京制，燕京（今北京）被定为南京，其中心范围在今广安门一带。随着城市人口的增加，南京城的粮食供给成为大事。当时，辽军与宋军在河北白沟一线对峙，南京城是辽军的后方基地。由于宋辽南北分治，隋唐运河中断，南京城的粮食来源只能依靠海运，从东北运过来。

辽朝运输粮食的路线是：在东京城（今辽阳）征粮，由渤海湾运到北塘海口（塘沽附近），经今北运河运到通州张家湾，再由陆路运到南京城。

2024 年 4 月，我随中国国家地理科考队考察辽东蓟镇长城，到过辽阳。在东京城古城外，我看到了太子河，这条河由辽阳流到海城市，在三岔河附近注入大辽河，大辽河经营口注入渤海辽东湾。据介绍，太子河在辽代曾发挥过运输兵马粮草的作用。我在查看地图时，发现太子河有一条支流，名字就叫运粮河。

关于萧太后河的来历，一直存在争议。根据《北京水史》一书，从潞县到南京城，陆路很不好走，尤其是雨季，道路泥泞，挽夫艰辛，因此，萧太后决定开挖一条运河。运河开挖成功后，即以萧太后的名字命名，称萧太后河。

萧太后河的水源来自辽南京城的护城河，起点在迎春门，经龙潭湖、十里河到张家湾。迎春门的位置在今天的烂缦胡同

▲ 萧太后河民俗文化节现场

南口，西面是著名的法源寺。我去寻访时，发现法源寺门前有一片很大的绿地，名字就叫迎春绿地。

萧太后河的通航，为南京城的粮食供应提供了保障。同时，它也成为辽代帝后出行的一条水上通道。辽代皇家有“春水秋山”制度，帝后秋季来南京城避寒，春季到延芳淀狩猎游玩，也可走这条水道。

辽代的延芳淀“方数百里”，湖泽遍布，水鸟众多，景色优美。适应皇室往来需要，朝廷在延芳淀专门设立了一个漷阴县（今通州区漷县镇）。漷，水绕城郭之意。漷县有萧太后驻跸井，人称“驻跸甘泉”。今天的漷县普普通通，但当年却是北运河沿岸的一个繁华集镇。

在漷县镇榆林庄村，我见到了村委会干部老赵。他说，漷县地理位置优越，萧太后河在张家湾流入凉水河，凉水河在漷县流入北运河。随后，他带我们参观了榆林庄闸，并说，以后运河游船会开到这里。

老赵还告诉我，河对岸是西集镇，刘绍棠的老家。榆林庄盛产榆树，刘绍棠小时候经常在运河里玩耍，到榆林庄摘榆钱，边摘边吃，摘够一筐后，带回家做榆钱饭。每年三月青黄不接的时候，榆钱饭就是穷苦人的救命粮。

我向他问起延芳淀，他说，历史上的延芳淀面积很大，后来水面缩小，分散成多个小水洼，有些地方成为农用地或盖起了房子。我问，能否恢复原貌，建成一个湿地公园？他说，政府部门有这个规划，但涉及很多问题，比如征地、拆迁和资金，难度很大。

金代开金口河、漕渠和闸河，元代开坝河和通惠河，随着新河的开通，萧太后河逐渐失去漕运功能，变为一条排水、灌溉和景观河道。我在马家湾湿地公园见到这样一句话：明清时期，萧太后河“河面船只穿行，河岸行人如织，如同梦里水乡”。

今天的萧太后河起点在朝阳区左安门东南，终点在通州区张家湾，全长 21 公里，我分次走过大约三分之二的路段。据沿岸居民说，萧太后河过去淤积严重，水质浑浊，人称“牛奶

▼ 马家湾湿地公园

河”。经过近年来的整治，萧太后河水域环境有了明显改善，河里能见到小鱼小虾了。

萧太后河流经马家湾湿地公园，也许是地处五环外，相对偏僻的缘故，这个公园显得有些寂静，但我却非常喜欢。公园内种植了各类花草，如月季花、荷花、马鞭草、萱草、鸢尾花等。湖面上，野鸭成群，水鸟翔集。一位摄影爱好者说，要是运气好，能在镜头中捕捉到白鹭。

让我没有想到的是，园内还建有一个“萧太后河展览馆”，失望的是，我来过两次都吃了闭门羹。据在园内休闲的居民说，这个展览馆自建成后就没见开放过，不知什么原因。

行走攻略

萧太后河起点在朝阳区弘燕东路与西大望路交叉处，可乘公交 440、680、98 路在弘燕路小区站下车。

起点处建有萧太后河源头遗址公园。如直接去马家湾湿地公园，可乘地铁 7 号线到黄场站下车，D（西南）口出。马家湾湿地公园以通惠河灌渠为东界，沿该灌渠北行可到通惠河（高碑店），南行可到凉水河（亦庄）。

通州区台湖镇建有萧太后河码头遗址公园，园内有大片湿地，乘公交 913 路在铺外四路站下车可达。

第四章 桥闸

广源闸

通惠河开通后，河上共设有 24 闸，广源闸为头闸。通惠河上的第一闸，意味着它也是京杭大运河上的第一闸。

通惠河 24 闸自建成后，多数名称变来变去，很难记住，但广源闸的名称一直没有变过（也许是这个名字起得好）。更可喜的是，历经岁月沧桑，通惠河上的 24 闸多数都已消失，但广源闸却依然保存完好。

广源，意为水源众多。广源闸处于“海淀台地”开口之下，河道坡度较大，为防止河水流失，需要在此设闸控制水量。当下游缺水时，便提闸放水；当下游涨水时，便落闸蓄水。广源闸附近的很多居民都是好几代的守闸人，20 世纪 80 年代，广源闸的闸房建筑还存在。

清代，帝后走水路前往西郊，都要在这里转船。乾隆过广源闸时，曾作诗一首：“广源设闸界长堤，河水遂分高与低。过闸陆行才数武，换舟因复溯洄西。万寿寺无二里遥，墙头高见绣幡飘。”乾隆皇帝一生作诗四万多首，能让人记住的不多，这

▲ 广源闸遗址

首诗写得还算可以。

广源闸有一个别名，叫“豆腐闸”。关于这个名字的来历，说法不一。有一种说法是，古代称闸门为“斗门”，豆腐闸即斗门闸的近音异写。还有一种说法是，广源闸的北面原有一座供奉北斗众星之母的斗母宫，于是人们便把广源闸称为斗母闸，慢慢演化成了豆腐闸。

作为白浮泉引水工程上的一座重要的水工建筑物，广源闸具有调节河水流量、控制水位高低的作用。同时，由于在闸上铺设了木板，它还具有桥的功能。广源闸自建成后，一直发挥作用，直到1951年才停止使用。

广源闸桥上面的道路即广源闸路。这条路南通紫竹院路，北连法华寺路，周边聚集着一批著名科研院校，如中国现代国际关系研究院、中央社会主义学院、北京外国语大学、中央民族大学、地球物理研究所、地质力学研究所和李四光纪念馆等。

广源闸原为单孔，1998年城市水系治理时，为扩大水面，增加水流量，有关部门拟将该闸拆分，向两边扩建。该计划遭到一些水利专家和文物专家的反对，因为这样就毁坏了文物。最后，决策部门采纳专家意见，实施“南扩一孔”方案，即在广源闸南侧增加一孔，使河水从两孔中流过。

我所在的“北京水文化”微信群里曾经讨论过这个问题，水利专家认为，这是一个好办法，既保护了文物，又达到了扩容的目的。八里桥修缮采取的也是这种办法，区别在于，广源闸是向一边扩一孔，八里桥是向两边各扩三孔。

目前保留的广源闸为清代重修建筑，主要包括闸基、闸门和闸墙三部分。闸墙两侧，东西两端镶嵌着两对汉白玉雕刻的望水兽，昂首瞪目，前爪隆起，栩栩如生。南面新修的闸孔没有兽头装饰，来到这里，想知道哪个是老闸孔，哪个是新闸孔很容易。

2013 年，广源闸遗址被列为全国重点文物保护单位，2021 年被列入北京市第一批水利遗产名录。

历史上，广源闸分为广源上闸和广源下闸，这里说的是广源上闸。广源下闸又称白石闸，位置在今白石桥西侧，国家图书馆东南，现已不复存在。据说，1979 年疏浚长河时，曾在这里挖出过桥基石。

广源闸畔建有一座龙王庙，庙宇很小，只有一间房子，可用“袖珍”来形容，但它的香火却很旺盛。过去每年农历腊月

▲ 紫竹院内的大运河文化展览

二十三，周边民众都会云集于此，给龙王爷和灶王爷上香，让它们“上天言好事”，保佑来年风调雨顺、五谷丰登。每逢河水浅涩难以通船时，朝廷都会派官员来此祭祀水神。

我三年前来这里寻访时，看到龙王庙破旧不堪，周边环境脏乱差。最近一次再来时，发现这里已经旧貌换新颜——海淀区有关部门对龙王庙进行了修缮，还对周边环境进行了整治，建起了文化广场，并附有龙王庙的介绍。海淀区的做法值得点赞。

行走攻略

可乘地铁16号线，在万寿寺站下车，C（东南）口出，步行前往。广源闸桥头立有“广源闸遗址”石碑，桥北除龙王庙外，还有一座延庆寺，原为万寿寺的一部分，现为民居，腾退的呼声比较高。

也可在动物园码头或者颐和园南如意门码头乘坐南长河游船，到紫御湾码头下船，出紫竹院西北门，步行到广源闸。可顺便参观一下万寿寺（北京艺术博物馆），逛逛紫竹院。

紫竹院内设有竹韵餐厅，价廉物美，大众口味，自助方式。

高梁桥（高梁闸）

西直门外，有一条以桥命名的道路，它就是高梁桥斜街。路边高楼耸立，东有北京北站，西有北京展览馆，北临北京交通大学（原北方交通大学），南临西直门外大街。

繁华之中不乏幽静，沿高梁桥斜街行走，可以看到一座南北走向的古桥，它就是北京历史上有名的高梁桥。

高梁桥下面是南长河，过去叫高梁河。高梁河是北京地区一条古老的河流,《水经注》中有记载。高梁河水系很早即被开发利用，其路线也多次变迁。古代的高梁河斜穿于北京的心脏地带，将永定河、温榆河、北运河连接起来，是一条重要的漕运水道。

老北京流传着一个高亮赶水的故事。传说，明朝初年修建北京城，挖了龙脉，龙公发怒，要把北京城的水收回去。龙公一家扮作卖菜的小贩，推着独轮车混进城里，龙子负责把甜水吸干，龙女负责把苦水吸干，分别装入水篓，放在车上。随后，龙公推车出了西直门，奔玉泉山而去。

▲ 高梁桥遗址石碑

今紫竹院西有个地名叫车道沟，临近南长河（高梁河），传说就是龙公推独轮车走过的地方。

北京城没水怎么行？老百姓乱作一团。就在这时，一个叫高亮的年轻人挺身而出，手持红缨枪，一路飞奔，追赶水车。追到玉泉山脚下，高亮用红缨枪奋力向水篓刺去，不想刺中了苦水篓。苦水哗哗流淌出来，流回了北京城，而甜水篓则被龙公带进了玉泉山。

高亮沿原路返回，却被龙公发来的大水吞没。高亮舍身赶水，为北京城保住了水源，人们为纪念他，在他被吞没的地方修了一座桥，取名“高亮桥”，后演化为高梁桥。

传说往往能在现实中找到影子。据老北京人说，北京城的地下水多数是苦的，有例为证，阜成门内的福绥境胡同过去就叫“苦水井胡同”。甜水井也有，但很少，比如王府井大街西侧有一条大甜水井胡同，得名即因这里的井水是甜的。

普通人家洗涮用苦水，做饭用不苦不甜的“二性子水”，日常饮用和招待客人用甜水。甜水井有些是私井，有些是官井。官井又称“水屋子”或“水窝子”，由官府租给售水车夫。老北京过去有一景：每天清晨，胡同中就会传来吱扭吱扭的木轮车声，伴随售水车夫一声声的“甜水……”叫卖声。每到这时，四合院里的大人小孩就会拎着水桶跑出门，排队买水。

▼ 高梁桥（闸）遗址，右侧可见绞关石

据说，由于售水车夫常年出入街头巷尾，熟悉各家各户情况，每当朝廷选择宫女时，官府就把他们找来，让他们提供信息。

玉泉山的甜水主要供应宫廷贵族。老北京的九座城门各有分工，俗称“九门走九车”。西直门专门走水车，车里装的就是从玉泉山拉来的甜水。这也解释了，为什么西直门的城门上会刻有水的波纹。

话说回来，高梁桥实际上是元代郭守敬主持开挖通惠河时所建，原为3孔石拱桥，桥面铺有长条石，两侧装有石护栏，西侧设有水闸，可控制流往积水潭的水量，这道水闸就是高梁闸。经过历年多次改造，高梁桥（闸）已不复当年样子，但主要桥体、闸槽和绞关石保存基本完好。

高梁桥一带曾是老北京城外的一处胜景。由于城内的园林宫苑为皇族显贵独享，市民百姓只能找郊外风景宜人之处。春暖花开之际，高梁河畔杨柳依依，桥头布满饭馆、酒肆、茶楼和商铺，伴有各种杂耍、弹唱表演，热闹非凡。1909年，京张铁路建成，起点在西直门火车站，铁路的开通使高梁桥一带更加繁华热闹。

清代，高梁桥头建有一座倚虹堂。慈禧和光绪皇帝由水路前往颐和园，要从这里弃辇登舟。倚虹堂还是慈禧和光绪皇帝召见大臣议事的地方，与故宫养心殿、团城承光殿、白塔山悦心殿并称皇帝的“四大办公室”。

民国时期，倚虹堂码头被拆除。我在原址处来回寻找，只发现了一些散落的大小石块，它们或许就是倚虹堂码头曾经存在的证据。

高梁桥西南方向有一条大钱市胡同，其名称有些来历。帝后出行时，随从众多，包括文武百官、宫女杂役等。他们出城时，身边带的是整钞，到倚虹堂码头后，要换成零钞，用于购买土特产和零星花销。

这个情景类似我们今天出国时，随身携带大面值外币，入境后再兑换成零钱，以方便购物消费一样。高梁桥南原有三间房子，为“货币兑换处”，周边免不了要聚集一些“外汇黑市”。“大钱市”的名字就是这么来的。

行走攻略

可乘地铁 2 号线，西直门站下车，A（西北）口出，北行 700 米到达。或乘公交 603 路，在北下关站下车，东行 200 米到达。

需要提醒，桥头一块老旧的石碑将高梁桥写为“高粱桥”，不要被它误导。由高梁桥向西，沿长河行走数百米可到展览馆后湖，湖边有莫斯科餐厅，北京人称“老莫”，价格虽高，但地道正宗。

高梁桥北有一条娘娘庙路，与转河相伴，一直向北可走到学院南路。

万宁桥（澄清上闸）

万宁桥，北京人习惯称“后门桥”，因为它位于皇城北门之外，也就是地安门外。北门，俗称后门。

“景山后，鼓楼前，万宁桥在正中间，中轴线上第一桥，传承至今700年。”一句歌谣，道出了万宁桥的前世今生。

万宁桥始建于元至元二十二年（1285年），时称“海子桥”，后改为“万宁桥”，取“万年永宁、坚固不朽”之意。元代，由通州驶来的漕船都要经过海子桥进入积水潭。

万宁桥为桥闸一体建筑，桥西设有一道水闸，元代称“海子闸”，后改名“澄清上闸”，为通惠河24闸之一。

北京城流传“火烧潭柘寺，水淹北京城”的说法。火烧潭柘寺，说的是寺内做饭的大锅底铸有“潭柘寺”三个字。水淹北京城，说的是万宁桥桥洞石壁上刻有“北京城”三个字，当水位上涨到这三个字以上时，便预示着北京要发生水灾。

万宁桥是元大都城的交通枢纽，桥下设有大型码头，这里是京城最大的货物集散地，也是最大的商旅中转地。

作为货物集散地，万宁桥畔有米面市、牛马市、鹅鸭市、木器市、绸缎市和皮毛市。时至今日，万宁桥畔仍留有烟袋斜街和白米斜街这样一些百年胡同。

▲ 烟袋斜街标牌

作为商旅中转地，万宁桥畔每天都可以看到依依送别的场景。元代诗人杨载曾作《送人》一诗："金沟河上始通流，海子桥边系客舟。却到江南春水涨，拍天波浪泛轻鸥。"金沟河，即万宁桥以下的通惠河段。这首诗给人这样一种画面：南下的旅人在海子桥边登船出发，到了江南，迎接他们的是春水和鸥鸟。

想不到的是，万宁桥畔还是给大象洗澡的地方。元代，有来自暹罗（今泰国）和缅甸等国的大象，作为皇帝的仪仗队和象辇。象辇，就是象轿，轿厢架在 4 只大象的背上，上面插有旌旗和伞盖，里面衬着金丝坐垫，外包狮子皮。来自蒙古草原的忽必烈非常喜欢大象，显然，坐在这样的"包厢"里，比骑马要舒服得多。

万宁桥畔曾有一座象房，为驯象场所，积水潭则为大象洗澡之地。可以想象，当大象垂着鼻子，迈着沉重的脚步踏入水中，会是何等情景。元代诗人对此有生动描述："四蹄如柱鼻垂云，踏碎春泥乱水纹。"老百姓喜欢看乐子，站在万宁桥上看大象洗澡是京城百姓的一大乐趣。

由于城内拥挤，象房后被迁到了昌平大泉（龙泉），这里泉水旺盛，适于饲养大象。大泉所在地就是今天的象房村。象房村不大出名，但说起它的近邻秦城村，很多人都知道。

明清时期，宣武门内西侧也设有象房。每有大象成群结队去护城河洗澡，大人小孩便会奔走相告："象来了，象来了"，久而久之，这里便有了象来街这个地名。象来街今已消失，但附近还存有一条象牙胡同，其得名即因为这里出土过象牙。

从万宁桥上走过，可以看到，两侧的雁翅上均雕有镇水兽，每侧两只，一共四只。它们身披鳞甲，长尾回蜷，造型优美。四只镇水兽均为原物，其中东北角的那只据考证雕刻于元代，模样虽旧，却显古朴。

镇水兽，传说为龙的九子之一，生性喜水，能镇消水患，是保佑一方风调雨顺的吉祥之物，古代常随桥闸而建，这个习俗一直延续到现代。我在行走北京水系时，经常遇到镇水兽，但多数都是新雕刻的。

万宁桥镇水兽的特别之处在于，桥西侧（上游）两只镇水兽的龙头下面，水中石壁上，各有一个石球，石球下面还各隐藏着一个龙头，这样就形成了两组“二龙戏珠”造型。二龙戏珠不仅美观，还有实际用途——顶部龙头代表危险水位，石球代表正常水位，底部龙头代表难以行船水位。这种巧妙的设计在今天仍然让人拍案叫绝。

20 世纪 50 年代，地安门外道路扩建，玉河河道被改成暗沟，万宁桥主体被埋在地下。如果不是这里的地面高出道路一块，还有道路两侧的护栏，几乎没人知道地面下埋藏着一座古桥。近年来，随着河湖整治工程的开展，玉河河道和万宁桥都被亮了出来。

万宁桥是北京人生活的一部分。有位驴友对我说，他每天坐 107 路公交车上下班，有时会在

▲ 中国大运河遗产区界桩，万宁桥畔

车上打盹儿，一旦感觉车辆出现颠簸，一起一落，不用睁眼就知道万宁桥到了。

行走攻略

可乘地铁8号线，在什刹海站下车，南行数十米即到万宁桥。桥西北角立有“全国重点文物保护单位——大运河澄清上闸遗址”石碑。

万宁桥西侧有金锭桥，系2000年为方便行人往来而建，并非古迹。桥畔的火神庙历史悠久，正对山门的是三官殿，供奉天、地、水三官。白米斜街位于万宁桥南，11号为张之洞旧居，现为民居。

万宁桥周边餐馆众多，正餐推荐马凯餐厅，快餐推荐护国寺小吃店。

庆丰闸（二闸）

老北京流传着一首歌谣：“劳您驾，道您乏，赶明儿请您逛二闸。”

二闸，通惠河上的第二道闸，正式名称是庆丰闸。

庆丰闸为元代郭守敬主持开挖通惠河时修建，初为木闸，后改为石闸。庆丰闸分上、下两座，明代，吴仲重修通惠河，废弃下闸。我们现在说的庆丰闸指的是庆丰上闸。

明代，庆丰闸边建有码头，货物在这里装卸，商旅在这里上下。明清至民国时期，庆丰闸一带草木葱茏，芦苇摇曳，绿柳成荫，是京城百姓的郊游胜地。清代《天咫偶闻》记载，二闸为游人荟萃之所，“自（农历）五月朔至七月望，青帘画舫，酒肆歌台，令人疑在秦淮河上”。

游人在东便门外上船后，一边品茗聊天，一边欣赏两岸景色。有钱人则自包一船，带着家眷，叫来酒菜，请来歌伎，尽情享受。河面上，有百姓划着木船叫卖当地特产，如菱角、鸡头米等。

▲ “大通帆涌”雕塑，明代通惠河称“大通河”

有句话叫“二闸的狮子会凫水”。游人除了品尝当地美食、购物、听书、赏曲外，一大乐事是看舞狮表演。由船工扮演的“水狮子”宛若游龙，在浪里翻飞，岸边喝彩声不断。据说，二闸的舞狮队还参加过国庆十周年的庆典活动。

二闸也是文人墨客聚会之所。曹雪芹当年往来于香山和通州之间，经常在二闸码头下船，在古槐下与好友敦敏、敦诚等人闲坐聊天，品茗赋诗。如今，这棵 500 岁的槐树还在，人称“文槐”。

敦敏是清代著名的诗人、画家，也是玩家，京城的风筝爱好者都知道他的名字。曹雪芹逝世后，敦敏写有《河干集饮题壁兼吊雪芹》:“花明两岸柳霏微，到眼风光春欲归。逝水不留诗客杳，登楼空忆酒徒非。河干万木飘残雪，村落千家带远辉。凭吊无端频怅望，寒林萧寺暮鸦飞。”表达了他对老友的怀念之情，红学界称这首诗为《二闸题诗》。

沈从文对二闸情有独钟，他在《游二闸》一文中有这样的记述:“沿着铁轨从崇文门到东便门，又沿着运河从东便门到了二闸，是步行去的。”崇文门到二闸，约十里地，步行要一个多小时，可见二闸对作家的吸引力之大。

二闸旁有一种游戏叫“找铜钱”。游人从岸上或船上向水中投入铜钱，便有小孩子潜入河底，将铜钱捞上来，以获得赏赐。这些小孩子被称为“水螂子”。沈从文在《游二闸》中提到，他在闸边休息时，有个小孩子走过来，请他将硬币扔到水里。随后，这个“猴儿精”小孩迅速跳入水中，很快又口衔硬币钻了出来。

冬天，二闸处的娱乐活动便是“冰戏”。每到河水结冰，便有人拉冰床招揽生意。冰床用木料做成，长五六尺，宽三四尺，底部安装铁条。游人一坐上冰床，前面的人便会拉动绳子，在冰面上奔跑。

明代，修筑紫禁城所用的金丝楠木，有一部分在二闸码头存放和加工。因此，这里又被称为皇木厂，后演化为黄木厂，这里至今尚留有黄木庄地名。我在庆丰公园南部看到一条马路，名字就叫黄木厂路。

乾隆皇帝曾作有《神木谣》："都城东有巨木焉，其长六十余尺，卧于地，骑者隔木立，弗相见也。"说得有些夸张，但能看出他要表达的意思。

我有一个同学住在庆丰闸附近，据他说，《神木谣》碑最初存放在附近的钢琴厂院里，后移到他所住的空军大院里，几年前才移到庆丰公园内。

走进庆丰公园，可以看到一座红墙黄瓦、彩绘斑斓的四角仿古碑亭，里面竖立的就是乾隆皇帝的《神木谣》碑。与碑亭

▲ 二闸边的镇水兽

相连的是一座带有玻璃罩的廊亭，里面陈列着一根用红绸包裹起来的金丝楠阴沉木。

牌示介绍，此木长 13 米，树梢直径 0.93 米，树根直径 2.4 米。此木为顶级金丝楠阴沉木，生长于四川，推测年代为 2000—4000 年前，“干甚端伟，今所罕见”。

漕运时期，二闸也是一个让官府头疼的地方。二闸附近有一个团伙，常在夜里出动，偷盗船上的皇粮，“粮食天天从我们这里过，皇家吃得，我们就吃不得？”明知偷皇粮犯死罪，但这些人仍然“前赴后继”，官府拿他们没有办法。

行走攻略

可乘地铁 1 号线或 10 号线到国贸站下车，C（东南）口出，南行 800 米即到庆丰公园。

公园分为东西两园，以东三环为界。庆丰闸遗址、古槐树和《神木谣》碑都在东园内，园内建有一座彩虹状的石拱桥，桥北碑墙上刻有“庆丰闸遗址”五个大字，远远就能看见。西园有同仁堂乐家花园别墅（不对外开放）。

由庆丰公园西行 2.5 公里可到大通闸（一闸），东行 6 公里可到平津闸（高碑店闸）。

平津闸（高碑店闸）

我来过三次高碑店，前两次是徒步行走通惠河全程，途经这里，第三次是专程而来，为的是能寻访得更透彻一些。

高碑店历史悠久，据《高碑店村志》记载，辽金时期，这里便聚集成村落，称郊亭村，后改为高碑店村。这里需要说一句，河北省保定市有个县级市，也叫高碑店，但与北京的高碑店没有关系。

元代，郭守敬主持开挖通惠河，在高碑店设郊亭闸（后改为平津闸）。平津闸最初为三座，即平津上闸、平津中闸和平津下闸。明代，吴仲重修通惠河，中闸废弃不用，仅余上闸和下闸。平津下闸又称花园闸。我们今天所说的平津闸指的是平津上闸，又称高碑店闸。

通惠河流到高碑店时，河道变宽，河水变深，当地人称这里是“老闸窝”。过去，很多高碑店人都以打鱼捞虾为生，日子过得蛮舒服。高碑店地区一直流行一句老话：“金窝银窝，不如高碑店的老闸窝。”

明代，通惠河上的五个闸口对应五个码头，这些码头又称漕运码头，其主要功能是装卸粮食。当时，通惠河上最繁忙的码头，除了积水潭便是高碑店。高碑店码头装卸的货物，除了粮食还有木材，由此，这里慢慢出现了多个木材加工厂和家具制造厂。今天的高碑店，古典家具制造和销售仍名气在外。

码头的繁忙带来了文化的繁荣。早年，高碑店有一座娘娘庙，村民遇有病灾，或者有什么心愿，都会到庙里来许愿。每逢农历初一和十五的开庙日，高碑店娘娘庙都会接纳来自四面八方的香客。

▲ 通惠河畔的漕灯

每年的农历五月初一到初六，即五月节期间，高碑店都要举办娘娘庙会，其热闹程度要远远大于过年。过去，高碑店每年最隆重的节日不是元旦和除夕，而是娘娘庙会。庙会的例行仪式包括拜香、跳墙、送驾等。此外，还要进行商品交易，举办各种娱乐活动，如踩高跷、打腰鼓、猜灯谜和写春联等。

踩高跷是娘娘庙会中的重头戏。早在清代光绪年间，高碑店就成立了高跷会，高跷表演一直延续到今天。高碑店高跷表演曾两次参加国庆庆典活动，三次走出国门，并被列入北京市非物质文化遗产名录。

与一般的庙会不同，高碑店的娘娘庙会还有两个体现漕运文化的仪式，这就是升漕旗和升漕灯。漕旗白天升，漕灯晚上升，它们在为漕船指引方向，也代表着人们对美好生活的期盼。

▲ 手持漕旗的卡通娃娃

清朝末年，漕运终止，高碑店作为漕运码头的功能不再。20 世纪 50 年代，这里依托通惠河建起了高碑店水库。站在岸边，可见水域辽阔，波光粼粼。这里的垂钓者明显比其他地方要多。

前些年，配合大运河申遗工程，高碑店建起了漕运码头遗址公园。走进园区，可以感受到浓浓的漕运

▲ 平津闸遗址，绞关石模样依旧

文化气息——绞关石、龙王庙、将军庙、郭守敬雕像，一一展现。

绞关石是运河闸口上的重要水利设施，其作用是起落闸板、放水阻水。通惠河上每道闸口都设有一对绞关石，分置两岸。绞关石一半斜入地面，一半斜出地面，与地面形成40°—45°角。据我的寻访，目前，只有在高梁闸、澄清上闸和高碑店闸处能看到遗存的绞关石，其他的都已不见踪影。

景区独具创意，在漕运文化广场西侧开辟了一个孝悌园，里面立有二十四孝雕像，还有“常回家看看、经常为父母拍照、为父母举办生日宴会、尊老爱幼”等石雕。眼下，这个传统在城市里不太受重视，而在乡村，依然有强大的生命力。

走出园区，我沿街打听，找到了高碑店村史博物馆。博物馆负责人邢女士听说我是运河文化爱好者，特别热情，递给我一瓶矿泉水，又吩咐管理员小高为我找来三本村史资料。在我的寻访路上，这种情况并不多见。虽为一件小事，却增加了我对高碑店村的好感。

此前，我在“云上运河”视频节目中看过记者对邢女士的采访，没想到在这里遇见了本人。不凑巧，疫情原因，村史博物馆没有对外开放，也好，找时间再来一次高碑店。

行走攻略

高碑店交通方便，可乘坐地铁1号线在高碑店站下车，A3（西）口出。村内建有古典家具一条街、鲁班祠、高跷博物馆等。

通惠河北岸有紫檀博物馆和兴隆公园。由高碑店水库出发，沿通惠河东行（走通惠北街或通惠南街均可）8公里后可到八里桥。

如想加深对高碑店的了解，推荐看《高碑店村志》。孔夫子旧书网上可淘到各类地方志，还有水利志等内部资料，折扣很多。

八里桥（永通桥）

古通州有八景，其中一景是“长桥映月”。长桥，指的是通惠河上的八里桥。

八里桥，正式名称是永通桥，因距离通州八里，老百姓俗称八里桥。

八里桥建于明正统年间，据说是在明英宗朱祁镇的亲自过问下建造的，属于敕建。早年间，八里桥桥头还能看到河神庙和牌楼，足以表明朝廷对这座桥的重视。

有句话叫“八里桥不落桅”，意思是说八里桥中孔奇高，漕船不落桅杆就可以通行。那么这个中孔有多高呢？据测量，中孔高达8.5米。另外两孔的高度呢？只有3.5米，相差如此悬殊，不是亲眼所见，简直不敢相信。

吸引我的还有桥上的石狮子。走上桥面，可见两侧的望柱上都雕有姿态各异的石狮子，数一数，每侧31只，两侧共62只。我第一次来八里桥时，桥体正在维修，两侧围有护栏，我试图将手机伸进围栏内拍摄一只石狮子，结果险些失手。

▲ 八里桥远景

乍一看，八里桥是九孔桥，但实际上，只有中间三孔是原物，另外六孔是为增加泄洪能力后来扩建的。八里桥桥墩为船形，前端有分水尖，尖上安装有三角形铁柱，桥墩和桥拱的水位线处有一圈腰铁，这样设计的目的是防止过往船只和冰块的碰撞。

明清时期，八里桥是漕粮水路和陆路进京的必经之地。水路，指的是通惠河；陆路，指的是京通石板路。可以想象，当年桥下往来的是漕船，桥上行驶的是运粮马车，一片喧嚣热闹场面。

八里桥为北京三大古桥之一，另外两座是永定河上的卢沟桥和北沙河上的朝宗桥。这三座桥分别拱卫着京东、京西和京北的门户。还有一种说法是，北京有四大古桥，还要加上马驹桥。但这座古桥早已被拆除，现在看到的是一座新桥。我在行走凉水河时，到过马驹桥，出现在我眼前的是一座钢筋混凝土建筑，毫无美感可言。

老百姓称八里桥为“扒拉桥”。据说，八里桥中孔桥洞顶部有一块石头是可以活动的。在河边，我向一位正在钓鱼的村民求证，他说这是真的。他小时候经常和伙伴在桥下划船、游泳，有时会站在船上，跷着脚，用竹竿去捅那块石头。至于这块石头为什么会活动，他也说不清楚。

▼ 昔日八里桥的热闹场景（铜雕），摄于八里桥公园

民间传说中，这块石头被赋予了美好的想象。传说，有一天，一个老翁路过造桥工地，喝了一碗茶，结果没钱结账。摊主说，看你这么大岁数，就算了吧。老翁说，那不行，我不能白喝你的茶，这样吧，你们这里石头多，我给你们凿一块，兴许以后用得上。凿完之后，老翁二话不说，背上包袱，转身离去。

造桥工程接近尾声，但工匠们发现，最后一块石头怎么安都不合适。工匠们急得团团转，要是误了工期，可是要被杀头的。七嘴八舌中，有人提出把老翁凿的那块石头抬过来试试，结果，往上一放，严丝合缝，众人恍然大悟——那是鲁班师傅在暗中助力。

我徒步走过通惠河全程，沿途见到很多桥梁，除八里桥外，其他都是新建的。为保护作为文物的八里桥，2018 年，交通部门在古桥西侧 150 米处新建了一座拱桥，称“永通新桥”，供机动车和行人日常通行，古桥只能步行通行。

2024 年 6 月，大运河申遗成功十周年之际，八里桥经过 3 年的修缮重新对外开放。修缮后的八里桥撤掉了围栏，铲除了沥青路面，恢复了石板桥面，古桥风貌得以重现。

说到八里桥，不能不提八里桥之战。清咸丰十年（1860 年），英法联军自大沽口登岸，攻陷天津，一路逼近通州。在谈判不成的情况下，咸丰皇帝决定决一死战。清军将领僧格林沁奉命率骑兵和步兵在八里桥布阵，奋力抵抗。一方是火枪火炮，一方是大刀长矛，结果可想而知。还有一点很重要，清军骑兵的马匹受到炮火惊吓，冲入后面的步兵方队，导致自相践踏，阵形大乱。

据战后统计，清军投入兵力 3 万人，死伤过半；英法联军投入兵力 8 千人，阵亡仅十几人。

八里桥失守，京东门户大开。朝廷闻奏，惊慌失措。在大臣肃顺的进谏下，咸丰皇帝匆忙逃往热河避暑山庄。皇帝出行要有名目，这次的名目是“秋狝”，即秋季到木兰围场打猎。

英法联军攻占北京后，先是将圆明园珍宝掠夺一空，然后一把大火将其烧毁。我以前看过电影《火烧圆明园》，这次又上网把这部片子找了出来，重温一遍。落后就要挨打，任何时候都是这样。

行走攻略

可乘地铁 1 号线在八里桥站下车，B2（东北）口出。桥头有关于八里桥和桥梁知识的介绍，相当于科普长廊，还列出了十个“八里桥之谜”，供人们思考。

八里桥适合拍远景，下午四点由西向东拍摄效果最好。近景可拍摄望柱上的石狮子。注意爱护文物，不要乱刻乱画。

桥北建有八里桥音乐主题公园，桥南有兴会公园。沿京通快速路东行 200 米，可找到雍正石道碑，碑文记载了当年修筑京通石板路的缘由。

第五章 道路

京通石板路

北京有一条快速公交（BRT）2 号线，西起朝阳门，东至通州区杨闸，所经路段为朝外大街和朝阳路。追溯历史，这条路曾是一条运粮路，称“京通石板路”。

清代，从京城通往郊外有三条石板路，也可以说是三条“国道”。东部，由朝阳门至通州；西北部，由西直门至“三山五园”；西南部，由广安门至卢沟桥。

西北和西南的两条石板路主要是为了满足皇帝出行的需要，东部的石板路除这一点外，最重要的任务是运粮。

清代，通惠河水量减少，运力下降，漕粮在通州码头卸船后，一部分用驳船沿通惠河运到东便门外的大通桥，再沿东护城河运到朝阳门。一部分经陆路用马车运到朝阳门，当时每天有近千辆马车往返在这条路上。

陆路实际上是一条土路，每到雨季或雪化之时，泥泞不堪，粮车说陷就陷，“驴畜死者不可胜计”。如果赶上刮风，尘土飞扬，吹得车夫睁不开眼睛。这样既增加运输成本，又增加运输时间。

为解决这一老大难问题，清雍正七年（1729 年），朝廷决定修筑一条由朝阳门至通州的石板路。这条路长 18.6 公里，路面宽 6.6 米，所用材质均为花岗岩条石，路两侧各建有 5 米宽的土路。

石板路分为主路和辅路，能上下分驶，已具备现代公路的特征，可以说，它是北京最早的一条“京通快速路”。

雍正皇帝对这一“国家级工程”极为重视，道路竣工后，特撰碑文一篇，立碑于八里桥处。该碑简称“雍正石道碑”，

▼ 雍正石道碑碑亭

碑文左为汉文，右为满文，大意是：朝阳门至通州四十里，为国东门孔道，由于是土路，每逢雨季或是积雪初融之时，泥泞难行，有时一辆车陷住，要几十个人才能推出来，所以才决定建一条石板路。

据说，英法联军攻陷八里桥后，法军统帅孟班托被这座石碑吸引，打算运回法国，就像埃及方尖碑一样安放在巴黎的协和广场上。但法国海军表示，该碑体量太大，难以运输。

从八里桥地铁站北口出发，沿京通快速路辅路东行 200 米，有一座红墙黄瓦，四角攒尖的碑亭，里面陈放的就是这通雍正石

▲ 朝阳门旧影

道碑。作为大运河在北京文化遗产的一部分，2013年，雍正石道碑与永通桥（八里桥）一起，被列入全国重点文物保护单位。

京通石板路西起朝阳门，经关厢、东岳庙、关东店、呼家楼、红庙、八里庄、十里堡、三间房、八里桥，到达通州。关厢指城门外的街道；关东店，顾名思义，指城门以东的店铺区；八里庄、十里堡，均取自此地距离朝阳门的里程。

明清时期，朝阳门是北京城的“粮门”，门内建有禄米仓、南新仓、海运仓和北新仓。据瑞典学者喜仁龙所著《北京的城门与城墙》一书，朝阳门比一般的城门要宽、要高，这显然是为了方便粮车进出。朝阳门朝东开，其名字取自《诗经》中的“梧桐生矣，于彼朝阳”。意味深长的一个细节是，朝阳门的城门瓮城门洞上刻有一枚谷穗，称“朝阳谷穗”。

我于30年前在关东店住过，那时无论如何也想不到，门前的这条道路曾经是一条用花岗岩条石铺就的“国道”，上面跑的是一辆辆马车，车上装的是经由大运河运来的粮食。

乾隆二十二年（1757年），石板路重修，长度增加到22公里。同样，乾隆皇帝也为该路撰写碑文一篇，立碑一座。该碑简称“乾隆石道碑”，大小和形状与雍正石道碑相同。

乾隆石道碑现立于朝阳路定福庄，北京第二外国语学院北门对面。我去寻访时，发现碑亭被护栏围住，不能接近。一位居民说，以前随便参观，现在要修地铁，围起来了。无奈，我只好走到过街天桥上，拍下一张碑亭半身像。

京通石板路与通惠河并行，既保证了京城粮食的及时供应，也便利了清帝拜谒东陵和巡幸江南的出行需要，可谓一举两得。然而，不应忘记的是，1860 年，英法联军攻破八里桥防线后，也是沿着这条宽敞平坦的石板路侵入北京城的。

民国初年，石板路翻修，条石换为碎石。日伪时期，为军事目的，碎石路被改为沥青混凝土路。1949 年后，这条道路被多次改建拓宽，与京通快速路、朝阳北路一起，构成了连接北京城区与通州的三条主干线。

如果论辈分，京通石板路（朝外大街—朝阳路）是无可争议的长辈，后两条路都是近年来才修建的，当属晚辈。

行走攻略

朝外大街和朝阳路交通方便。沿途可寻访的遗址（由西至东）有朝外大街的东岳庙、朝阳路的乾隆石道碑、八里桥和雍正石道碑等。

东岳庙现被开辟为北京民俗博物馆，每年春节期间都要举办庙会，如果想了解老北京的民俗风情，可以来这里转转。

不妨乘坐一次快速公交（BRT）2 号线，一路跨越东三环、东四环、东五环，感受一下“今日京通石板路”的速度。

第六章 古城

巩华城

乘坐地铁昌平线，经过一站，名叫“巩华城”。初听，很容易把它与高档楼盘联系起来，但实际上，它是一座古城，一座与北京漕运密切相关的古城。

巩华城建于明嘉靖年间。建城的动议来自礼部尚书严嵩，建城的目的是满足皇帝谒陵祭祖的需要。城池建好后，取名“巩华城”，意为“巩固华夏”之城。

城池占地面积1平方公里，四面城墙长度均为1000米。皇帝行宫建在城中心，东西南北各开一座城门。

当我走进古城遗址时，首先被它的规整吸引了——古城四四方方，不须问路即能找到四座城门的位置。东门称“镇辽”，西门称“威漠”，南门称“扶京”，北门称“展思”。从名字中不难看出这座城池的霸气。

四座城门的名字均刻在汉白玉匾额上，据说它们都出自严嵩之手。都知道严嵩是历史上有名的奸臣，但他的字写得还是蛮有功底的。

▲ 巩华城西门（威漠门）

巩华城建好后，还发挥了一个重要功能，这就是漕运。自明成祖朱棣开始，朝廷在昌平天寿山大修陵寝，即十三陵。为满足十三陵和居庸关驻军的粮食需求，隆庆年间，在蓟辽总督刘应节等人的奏请下，朝廷决定开通北运河—温榆河—巩华城漕运路线。所运粮食在巩华城码头卸载后，存入城内的奠靖仓。这条漕运路线被称为“巩华城漕运”。

李自成攻打北京城时，巩华城曾为农民起义军的指挥部。李自成自此一路南下，经回龙观、清河、德胜门进入北京城。清代，巩华城为屯兵之地，称“巩华城营”。

巩华城位于北沙河和南沙河之间，城东为二河交汇之处，也就是今天的沙河水库，再往东就是温榆河。

我到过巩华城三次，给我的感觉，这是一块风水宝地。北沙河和南沙河相当于护城河；有河水滋养，种庄稼不犯愁；两条沙河与温榆河相连，直达通州北运河，无疑是一条天然的水上运输通道。想来，古人在这里选址建城，是考虑了位置、运输、取水和防卫等多种因素。

历经几百年岁月，城内行宫、仓廒、庙宇等建筑早已荡然无存，目前能看到的主要是四座包括瓮城在内的城门，其中，南北两门经过修复，外貌一新，东西两门未经修复，更显沧桑。除此之外，细心寻找，还能发现几段残破的夯土城墙。

资料显示，巩华城码头在南门（扶京门）外东南角，奠靖仓在北门（展思门）内，我试图能够找到一些当年的遗迹，但一无所获。

在南门外，我遇到一位上年纪的村民，他说，南门上有座千斤闸，他小时候经常和小伙伴上去玩儿，现在城门被封，看不到了。他还告诉我，前些年这里被规划为遗址公园，城内居民在陆续搬迁，他们家也属于搬迁之列。这两年搬迁进度慢下来了，他也不知道为什么。

闲谈中，我向他请教，来昌平的路上，遇到“二拨子”“三拨子”和“四拨子”这几个地名，是什么意思？他说，过去皇帝前往十三陵要坐轿子，中间要休息，换轿夫，这样一拨一拨下来，就有了这些名字。这倒是让我长了知识。

走出巩华城，我来到了架于北沙河上的朝宗桥。当地人称这座桥为“北大桥”。该桥建于明正统年间，为拱卫京师的三大古桥之一。

朝宗桥为七孔桥，长 130 米，宽 13 米。历经五百余年风雨，朝宗桥至今保存完好，还在使用。唯一的缺憾是望柱上没有石狮子，缺少了一份美感。从北京城区出发，前往昌平，走京藏高速辅路，一定会经过这座桥，只是很多人不注意罢了。

与朝宗桥同时建造的，还有架于南沙河上的安济桥。可惜的是，这座古桥于 1958 年被拆掉。据说，拆下来的石料被用于修建沙河水库了。

▼ 朝宗桥，拱卫京师的三大古桥之一

明代，巩华城漕运线路除了运送军粮，也运送民用物资。明代《长安客话》记载："沙河东注与潞河合。每雨集水泛，商船往往从潞河直抵安济桥下贸易，土人便之。"也就是说，那时候，有商船自通州沿温榆河—南沙河而上，抵达安济桥下，与当地百姓交易。

安济桥也曾是"燕平八景"之一，有"安济春流"之美誉，但今天已经看不到了。

行走攻略

可乘地铁昌平线到巩华城站下车，A2（西）口出，也可乘公交345路或889路，走京藏路，到沙河站下车。

朝宗桥为南北走向，下午四点由西向东拍照效果最好。朝宗桥东北角立有一座明万历年间的御制石碑，高4米，碑身刻有"朝宗桥"三个字，碑额刻有"大明"两个字。

巩华城西南有沙河清真寺，还有民国初年新疆督军杨增新墓园，均为区级文物保护单位，可顺便参观。

第七章　粮仓

南新仓

我对南新仓不陌生。我曾在东四十条的一座写字楼里上过13年的班，写字楼对面就是南新仓，我对大运河粮仓的最初了解就是从这里开始的。

南新仓建于明代，是明清两代的皇家粮仓。明朝迁都北京后，沿大运河运来的粮食分别储存在京师和通州。京师粮仓称“京仓”，通州粮仓称“通仓”，“京仓为天子之内仓，通仓为天子之外仓”。

明代，京师有官仓七座，清乾隆年间又增建了六座，统称“京师十三仓”。这些粮仓多数分布在朝阳门附近。

南新仓是在元代北太仓基础上建立的，主要建筑包括仓廒、值班所、科房、大堂、更房、水井，以及仓神庙、关帝庙和土地祠等。此外，仓院内还设有数口水井，以备救火之用。

仓廒最初为3间一廒，后改为5间一廒。墙基厚1.5米，顶厚1米。屋瓦大部分产自山西，结实耐用。屋架采用独根圆木，直径半米左右。墙砖大部分产自山东临清。临清砖的特点

▲ 皇家粮仓

是质地坚硬，不易酥碱、腐蚀和变形。我在南新仓文化博览馆内看到一块临清墙砖，长近半米，重 25 公斤，上面刻有“嘉靖十三年秋季窑户吴继荣造”字样。

如果留意一下，可以发现，南新仓仓廒朝向多向西或向北，这样建造的目的是避免粮仓受到阳光直射，导致内部郁热。

漕粮到京一般集中在夏秋季节。经过长途水上运输，粮食难免潮湿，故需要先露天晾晒，然后再入储库房。常年存放的粮食，也需要定期从库房搬运到户外晾晒。

“硕鼠硕鼠，无食我黍。”粮仓除了防潮，还要防鼠。纪晓

▲ 南新仓仓廒，坐南朝北

岚在《阅微草堂笔记》中记述，他父亲任南新仓监督时，遇到这样一件事：一座仓廒的后墙突然坍塌，维修时发现了一群被砸死的老鼠，大者如猫。显然，塌墙是老鼠盗洞造成的。纪晓岚通过这个事例说明，南新仓存在鼠害，同时也引申出了“自作自受”的道理。

清朝初年，南新仓有仓廒30座，到乾隆年间增至76座，最多时可存放一亿多斤粮食。鼎盛时期，南新仓周边商贾云集，仓神庙、关帝庙和土地祠香火十分旺盛。

清中期以后，国库空虚，贪污盛行，再加上民间粮店的兴起，官仓粮食储量日益减少。清朝末年，漕运制度废止，北京和通州的官仓逐渐闲置或改作他用，有些被拆毁。

民国时期，南新仓被用作军火库，1949 年后成为北京市百货公司的仓库。20 年前，南新仓被改建为以饮食为主的文化休闲街区。据说，当年维修仓廒时，施工人员发现了大量沉积漕粮。这些漕粮早已发霉变黑，有居民将其挖走，当作花草肥料，结果花草长得异常茂盛。

南新仓现存仓廒七座，仓场东侧存有一段旧仓墙，高大厚重，如城墙一般，与一路之隔的现代化楼宇形成鲜明对照。南新仓是全国仅有、北京现存规模最大、保存最完好的皇家粮仓，对研究京都史、漕运史和仓储史都具有重要价值。

我最近一次去南新仓时，在东侧草坪上看到了一尊郭守敬雕像，不知什么时候立的。这是我在北京地区见过的第七尊郭守敬雕像。另外六尊分别位于郭守敬纪念馆（馆内一尊坐像，馆外一尊立像）、白浮泉遗址公园、元大都遗址公园、高碑店漕运码头遗址公园和昌平公园。只要涉及大运河和漕运，就不能不提郭守敬，不能不感谢郭守敬。

粮仓就是地标。打开地图，可以看到，南新仓周边有北门仓胡同、东门仓胡同、南门仓胡同。唯独缺少西门仓胡同——或许以前有，也未可知。

东门仓胡同南接豆瓣胡同，其名字与方位无关，但与粮仓有关，因为粮仓里存储的粮食除了米，还有豆类。

你能想到吗，我们日常玩儿的麻将牌居然起源于古代粮仓。据南新仓文化博览馆介绍，仓廒常年储存粮米，易招引麻雀，于是捉麻雀便成了护粮官兵的一项任务。作为奖励，仓官会发给捕雀者一种可以换取银两的竹牌。

竹牌上刻有文字或符号，内容多与捉麻雀有关。例如，“幺鸡”代表麻雀，“筒”代表鸟枪，“红中”代表打中，“白板”代表打空枪。护粮官兵闲来无事，便在一起玩儿竹牌。玩牌时的“碰”代表枪声，“和”代表鹘——一种猛禽，具有高超的捕雀技巧，“和了”就是赢了。慢慢地，这种玩儿牌游戏演变成了打麻将。

行走攻略

南新仓位于东四十条立交桥西南。可乘地铁 2 号线，东四十条下车，D（西南）口出，步行前往。

南新仓文化博览馆设在园内西侧的一座仓廒内，面积不大，但对古代粮仓的介绍比较全面。博览馆每周三至周日 9:00—16:30 免费向公众开放。

南新仓餐馆众多，如大董烤鸭、天下盐、饭前饭后（台湾风味）和紫菩提素食。除餐馆、茶室和咖啡馆外，还有艺术画廊、音乐传播中心、影视俱乐部和文化传媒公司等。

北新仓

东直门中医院北侧，有一条东西向的胡同，名叫北新仓胡同，因胡同内有古代粮仓北新仓而得名。

说起北新仓，要追溯到明代。明正统年间，朝廷在朝阳门内设立了海运仓，以储存由海运而来的粮食。万历年间，又在海运仓北面增设一处粮仓，称北新仓。

清朝初年，北新仓有仓廒 49 座，康熙年间增至 85 座。1900 年，八国联军入侵北京，强占粮仓，北新仓建筑遭到破坏。

民国时期，北新仓被改作陆军被服厂，仓廒数量减少。日伪时期，这里又成了日本人的军工厂。据附近老住户回忆，北新仓东北角原有一座炮楼，有长长的马道通往炮楼最高点，墙壁上有六七个射击孔。抗战结束后，这里是国民党陆军医院。

1949 年后，北新仓为某单位使用。目前，北新仓尚存仓廒六座。1984 年，北新仓被列为北京市文物保护单位。

北新仓仓廒采用城砖砌筑，墙体底部厚 1.7 米，顶部 1 米。

库房前建有抱厦，多数仓廒的前后檐和山墙开有窗户。让人感到不解的是，有些廒房是硬山顶，有些是悬山顶。为何如此？无人给出答案。

北新仓遗址原位于北新仓胡同甲 16 号院内。我第一次去寻访时，碰了钉子，守门人态度生硬，说：“这里没有什么粮仓，你走吧。”我不死心，绕到东侧的 12 号院。12 号院与甲 16 号院一墙之隔，这道墙就是北新仓一号仓。由于一号仓坐东朝西，正门在里面，我看到的是一号仓的后身。一号仓南侧有一道铁门，通往甲 16 号院，但有人看守，不能进入。

第二次去北新仓寻访时，我直接进入了 12 号院。这一次，我有了惊喜发现，一号仓南侧的铁门已被拆除，12 号院和甲 16 号院已被打通，连为一体。院内，古建人员正在对仓廒进行修缮。由于有脚手架和挡板遮挡，看得不是很清楚。

几个月后，我又第三次前去寻访，这一次，我看到，六座仓廒已修缮完毕，院内也不似上次那样杂乱。疑惑的是，修缮后的北新仓将作何用途，只是对公众展示，还是要仿照南新仓模式，搞成商业街区？不管哪种模式，我希望它们能够保持原貌。

历代对粮仓管理都非常重视，所谓“积贮者天下之大命也”。明朝规定，对偷盗行为，凡官军民串通作案的，首犯处斩，全家充军。盗粮百石以上者处死刑，折钱百两以上者重罚。同时，制定了严格的粮仓管理制度，除交粮和验收人员外，任

▲ 修缮后的北新仓仓廒

何人不许进入粮仓。收放粮的容器也有严格规定，规格大小要经朝廷官员校准，上面还要烙上日期及提调官姓名，没有朝廷烙印的量器一律不准使用。

清康熙年间，各省漕粮起运前，先取米样一石封存，送到北京户部，再由户部转发到接受漕米的粮仓。漕船抵达通州后，官员将米样与漕粮进行对比，检查质量是否一致，如发现弄虚作假行为，就要追究责任。

电视剧《天下粮仓》中有一个镜头，乾隆皇帝刚一登基，就发现粮食存储失控，围绕粮仓接连发生“火龙烧仓”“阴兵借粮”和“耕牛哭田”等奇案，令他震怒，责令严厉查处。

光绪年间,《老残游记》作者刘鹗因“私售仓粟”，被充军新疆，病死在迪化（今乌鲁木齐）。

尽管法律制度严酷，仍有铤而走险者。这些人常常是结帮行动，团伙作案。咸丰十年（1860 年）的一天，一股盗匪潜入北新仓，被仓场监督发现，经报警，盗匪及窝犯被朝阳门守军抓获，送交刑部。收购赃米的米铺也被归案查办。

行走长知识。我在北新仓一带寻访时，有一个意外收获，

▲ 朝阳大学旧址

这就是发现了朝阳大学旧址。

朝阳大学创办于 1912 年，由法学界人士汪有龄、江翊云、黄群、蹇念益等人创办。它是一所以法律、政治、经济等学科为主的大学，校舍利用了海运仓和北新仓的一部分建筑。

1949 年，朝阳大学由中央人民政府接管，在原址上建立了中国政法大学。次年，中国政法大学与华北大学、华北人民革命大学合并，成立了中国人民大学。

行走攻略

可乘地铁 2 号线，在东直门站下车，D（西南）口出，步行前往。

北新仓胡同 12 号院大门朝东开，即开在南北向的仓夹道上。一号仓后身墙上挂有北京市文物保护单位牌子，还有关于北新仓的介绍。海运仓仓廒已不存在，原址建起了海运仓小区，院内有漕运文化展示，包括仿古牌楼、木制水车、石雕日晷、画舫凉亭等。

朝阳大学旧址在海运仓胡同 3 号，现为东直门中医院办公用房，从东直门中医院南 1 门进入，北行数十米即可看到。

禄米仓

北京胡同的名字中，很多都与仓或库有关。

仓，一般指粮仓，如北新仓、海运仓、南新仓、禄米仓等；库，一般指存放物品的库房，如磁器库、绸缎库、灯笼库、皮库、蜡库等。如果某条胡同中有一座这样的仓或库，胡同的名字自然就会以它来命名。禄米仓胡同即因胡同内的禄米仓而得名。

我有一位同事，退休后返聘到一家社团，上班地点在禄米仓胡同 71 号。有一次，他打来电话，约我过去喝茶。

天赐良机，因为我知道，禄米仓仓廒在这个院子里。我以前看过禄米仓仓廒的照片，并专门去寻访过一次，无奈这是某单位所属院落，门卫一脸严肃。这一次，经同事引领，我得以一睹禄米仓仓廒的真容。回来后，我又接着做功课，禄米仓的前世今生在我的脑子里慢慢清晰起来。

古代，官员的俸禄不是用银两来折算的，而是用粮食来折算的。禄米，即指朝廷用来发放官员俸禄的粮食。禄米仓即明清两代存储京官禄米的粮仓。

禄米仓建于明嘉靖年间，清朝初年有 30 座仓廒，康熙年间增至 57 座。明清时期，禄米仓仓场东西长 200 多米，几乎占了整条胡同长度的一半。仓内原有明代历任仓场监督题名碑，我们熟知的清官海瑞就曾当过仓场监督。

光绪末年，禄米仓仓廒减为 43 座。八国联军侵入北京后，将城内所有粮仓存粮拍卖，粮仓改作他用，“粒米无存”。民国时期，禄米仓改为陆军被服厂。

1949 年后，禄米仓为某单位使用。1984 年，禄米仓被列为北京市文物保护单位。

我最近一次去禄米仓寻访时，发现 71 号院已改建为禄米仓新视听产业园，可以随意进入。修缮后的禄米仓仓廒外貌焕然一新，不似我上次看到的那样破败。产业园内除仓廒外，还有餐馆、咖啡馆、米店、唱片店等。此外，院内还有遗存的民国时期小楼和苏式洋房。

据我所知，相邻的禄米仓胡同 73 号院里也有仓廒。疑惑在于，里面有几座说法不一，有人说两座，有人说三座。由于这是某单位干休所院落，无法入内证实。事有凑巧，几天前，同伴老李发来微信，说他有机会得以进入该院，并告诉我，里面有三座仓廒。眼见为实，耳听为虚，老李的信息为我解了疑惑。

▲ 禄米仓仓廒，禄米仓胡同71号院

出于运粮的需要，禄米仓胡同较一般的胡同要宽。胡同西口，与禄米仓胡同相接的是干面胡同，其得名也与粮仓有关。因为运粮用的是牲口拉的排子车，车队经过时，尘土飞扬，老百姓称其为“下干面”，于是有了“干面胡同”的叫法。

禄米仓紧邻朝阳门，随着粮仓的兴盛，朝阳门周边的商业日益发达，古玩铺、银楼、米店，五行八作，还有热热闹闹的隆福寺庙会和灯市口灯会。时至今日，朝阳门一带仍有豆瓣胡同、烧酒胡同和吉兆（鸡爪）胡同可寻。我有个同事，家住烧酒胡同，我第一次听他说起这个名字时，感到很奇怪，后来才知道它的由来。

粮仓既可提供官员俸禄，又可在灾荒之年平抑粮价。明清时期，每当京城受灾粮价上涨时，朝廷就会将仓廒内的存粮酌量平粜。平粜，指灾荒时期朝廷将官储粮食以平价、减价的方式投放市场，以抑制粮价上涨，救济灾民，维持社会稳定。

乾隆八年（1743 年）夏天，京城出现极端高温天气，干旱少雨，米价伴着灾荒飞涨。朝廷启动平粜程序，拨京通仓米 10 万石发往受灾州县，按照平价投放市场，收到效果。

漕粮还可发挥赈灾功能。清嘉庆六年（1801 年）夏天，华北地区出现 500 年一遇的洪涝灾害，水灾殃及直隶 128 个州县，京师到处受淹，史称“辛酉大水”。嘉庆皇帝心急如焚，下令拨发仓米二千四百石，赈右安门外饥民。拨发仓米二千四百石，赈长辛店、卢沟桥饥民。

清代，朝廷除用漕粮赈灾外，还在灾年设粥厂救济灾民，即使是平年，也可根据情况开办粥厂，救济贫民，这种做法被称为“粥赈”。

清顺治九年（1652 年），朝廷出台了开办粥厂制度——每到十月底，京师就会定点设置粥厂，免费供应吃不上饭的百姓。到了来年春天，市场活跃，活计好找，即便挖野菜也可以果腹度日，这时粥厂就可以撤销了。

粥赈制度在歉收年景作用明显。到乾隆二十七年（1762年），京师五城已有十家粥厂。到了晚清，国力衰弱，粥厂减少，粥赈作用下降。

行走攻略

可乘公交24路或63路，在禄米仓站下车。

禄米仓胡同东口有智化寺，为明代寺庙。这里原为王振的家庙。王振，就是那位怂恿英宗皇帝率军亲征蒙古瓦剌军队，导致明军惨败、英宗被俘的太监，史称这次事件为“土木堡之变”。智化寺有“三宝”：经橱、转藏和京音乐。

智化寺东有一条南水关胡同，因位于朝阳门水关之南而得名。干面胡同北有史家胡同，24号为史家胡同博物馆，可一并参观。

第八章　通州

燃灯塔

说起通州大运河，人们常引用一首诗："云光水色潞河秋，满径槐花感旧游。无恙蒲帆新雨后，一枝塔影认通州。"这首诗的名字叫《古塔凌云》，作者是清代诗人王维珍。

诗中的塔指的是燃灯塔，全称燃灯佛舍利塔。

古塔凌云，垂映运河。燃灯塔是京杭大运河北端的一座航标，也是通州的标志性建筑，为通州八景之一。当年，沿京杭大运河北上的行旅远远望见燃灯塔，就知道通州到了。古往今来，燃灯塔一直是通州人心目中的宝塔。

燃灯塔位于北运河和通惠河交汇处，我曾多次来过这里。2024 年 6 月，大运河申遗成功十周年之际，我随北京联合大学北京学研究所组织的考察团，又一次来到塔前。担任领队并进行讲解的是运河专家陈喜波，说起通州大运河，他如数家珍。

燃灯塔始建于南北朝时期（557—581 年），为北周宇文氏所建，初为土塔，后坍塌。辽代在原址上重建砖塔，后多次重

▲ 一枝塔影认通州

修，但一直保持辽代风格。建塔的目的，初为镇水，所谓“宝塔镇河妖”，后为珍藏燃灯佛舍利。但塔里面是否有佛舍利，如有，存在何处，一直是个谜。

1900 年，八国联军占领通州，燃灯塔遭到破坏，塔尖上的鎏金铜镜被击碎，塔身的铜铃被击落。在通州博物馆，我看到了那块破损的铜镜和留有弹孔的塔铃。

1976 年，唐山大地震，塔身倾斜并出现酥裂，塔顶莲花座的砖石多数掉落。1985 年，文物部门对燃灯塔进行抢救性修缮，撤下毁坏的铜镜，补铸缺失的铜铃。经过修缮，燃灯塔恢复了原貌。

燃灯塔是一座密檐式实心塔，砖木结构，塔身13层，基围40米，塔截面为八角形。塔高56米，与北京城内的辽代天宁寺塔相仿。古塔须弥座一般都是单束腰，而燃灯塔为双束腰，这样就增加了美感。塔身正南券洞内供奉一尊燃灯佛。

塔身雕有424尊雕像，有身着袈裟合掌者，有慈眉善目者，有怒目而视者，神态各异，惟妙惟肖。有人将燃灯塔与《西游记》联系起来，说有一尊雕像极像猪八戒，肥头大耳，大腹便便。我围着佛塔转了两圈，但没有辨别出来。

燃灯塔每层均悬挂大小和形制不一的铜铃，共2248枚，是世界上悬挂风铃最多的古塔。这些风铃都是各个朝代善男信女们捐赠的。微风吹过，铃音清脆，如同音乐会。

燃灯塔顶部过去生长有一株榆树，通州人习惯称其为“塔榆”。这棵树根系密匝成扇面形，无主根。据推测，燃灯塔在重修时，有榆钱随泥土被带到瓦垄间，遂生出幼树。

历经风吹日晒，忍受严寒酷暑，仅靠一点点薄土，在塔顶生存数百年，其生命力之顽强令人赞叹。

出于保护古塔目的，这棵榆树于1987年被移植到葫芦湖边。如今，它已长成大树，树干挺拔，枝繁叶茂。我每次来这里，都要在树旁逗留一会儿。

知道吗？北大未名湖畔的博雅塔就是仿照燃灯塔建造的。事情的背景是，1916 年，北京汇文大学与通州华北协和大学合并为燕京大学。1920 年，华北女子协和大学并入，1926 年迁至海淀勺园新址。在设计校园内的水塔时，哲学系主任博晨光建议，可以仿照通州燃灯塔的风格。博晨光是美国人，生于天津，他与哲学家冯友兰交往密切，曾一起合作把《庄子》翻译成英文。

校董事会和校园设计师采纳了博晨光的建议，并派人到通州进行测绘。为解决建造水塔的资金，博晨光又动员他在美国的叔叔詹姆斯·波特（中文名字“博雅各”）出资。博雅各曾在通州当过传教士，对燃灯塔十分欣赏，因而痛快答应。

▼ 燃灯塔下，北运河与通惠河交汇处

1924 年，燕京大学校园内的水塔建成。校方根据捐资人博雅各的名字，给这座水塔起名叫博雅塔。博雅塔没有燃灯塔高，只有 37 米，可以说是燃灯塔的缩小版。

通州燃灯塔与临清舍利塔、扬州文峰塔、杭州六和塔并称运河沿岸四大名塔。其中，燃灯塔为密檐式，其他三座均为楼阁式。密檐式塔是实心的，不能攀登，楼阁式塔是空心的，内有楼梯和楼板，可以攀登。

相比之下，我更喜欢楼阁式塔，因为可以登高望远。我在杭州专门登过六和塔。登临其上，钱塘江景色一览无余。

行走攻略

可乘地铁 6 号线到通州北关站下车，C（南）口出，步行前往。

燃灯塔位于三教庙（儒教文庙、佛教佑胜教寺、道教紫清宫）内，近距离不便拍摄，可以绕到三教庙外，在葫芦湖北侧拍摄全景，体味“一枝塔影”的意境。

可顺便逛逛西海子公园，内有明代著名思想家李卓吾（李贽）先生墓，旁边立有“李贽与通州”纪念碑。

建议参观位于通州城市绿心森林公园内的北京大运河博物馆，加深对北京大运河的了解。

大光楼

京杭大运河沿岸楼阁很多，就我看过的说，有北京通州的大光楼、山东聊城的光岳楼、江苏淮安的镇淮楼和浙江嘉兴的烟雨楼等。其中，大光楼因位于京杭大运河最北端，被称为“大运河边第一楼”。

大光楼始建于明代吴仲重开通惠河那一年，其作用是管理漕运和处理漕务，包括验收漕粮，因此，大光楼又被称为验粮楼。

古代建筑的名称都很有讲究，大光楼三个字取自《周易》，原文是“损上益下，民说无疆。自上下下，其道大光”。为验粮楼取名大光楼，意在告诫验收漕粮的官员要清正廉洁，施恩于百姓，这样国家前途才能宽广。

明清时期，大光楼也是一处绝佳的观景台，登上楼顶，眼前即“二水交汇”处。二水，指的是潮白河和温榆河。“二水交汇”为通州八景之一。清代诗人陈豫朋在《名坝大光楼行》中有这样的诗句：“崇栏杰阁悬巍昂，向背两水流洋洋。”形象地

▲ 复建后的大光楼

描绘了大光楼周边的景色。1939 年大水后，潮白河改道东行，“二水”不再交汇，现在这里出现的是“五河交汇”景观。

清光绪二十六年（1900 年）爆发“庚子事变”，通州团民以大光楼为据点，演练神拳，焚烧教堂，配合清军抗击八国联军。通州失陷后，八国联军疯狂报复，包括大光楼在内的义和团活动据点被付之一炬。

2008 年，通州水务部门决定在原址附近复建大光楼。复建的大光楼为二层建筑，高 16 米，上层为单檐歇山脊筒瓦顶，面阔进深均三间。楼体坐西朝东，面向运河，为通州漕运文化的重要标志。

复建的大光楼除传承运河文化外，还转变了功能，作为北关拦河闸的管理用房。楼内装有液压设备和闸门控制等设施。我试图进去看看，发现四门紧闭。据说，水务部门计划将二楼列为运河文化展厅，对外开放，期盼这一天早日到来。

北关拦河闸是北关分洪枢纽之一，位于北运河起点处，由 7 孔节制闸加一孔船闸构成。北关拦河闸是北运河上的控制性水工建筑物，也是“通州堰”防洪体系的重要组成部分，承担保障北京中心城区、城市副中心以及下游地区防洪安全的功能。

北关拦河闸上部是人行桥，液压闸门隐于桥下椭圆形桥洞之中。桥体设计效仿了苏杭的仿古石桥结构建筑，体现了大运河南来北往的文化交融特点。

作为验粮楼，大光楼作用非同一般。漕粮经过长途运输，必然会有损耗。为弥补损耗，运粮官往往作假，如掺杂糠秕、木屑、沙土等。为蒙混过关，运粮官常用银子贿赂验粮官。只要银子到位，漕粮就能验收合格。

为防止漕粮验收、转运期间的腐败，户部采取了各种措施，其中最重要的是建立军粮经纪密符扇制度。

军粮经纪密符扇制度形成于清高宗时期，其做法是，为 100 位军粮经纪人设计出相对应的密符，画在扇面上，形同密码簿。每个密符下面，逐一对应着军粮经纪人的称号。

▲ 军粮经纪密符扇，摄于通州博物馆

称号不是真实姓名，而是化名，如小楼、王麻、狮子、老虎、犴牛、蝎子、河蟆、拐子、老十、道士等。其中，“小楼”指的是小楼饭馆，该店以烧鲇鱼出名，故符形似鲇鱼；“王麻”指的是王麻子剪刀，符形为两条交叉的斜线，象征剪子。

手持这把密符扇，便可以追查劣质漕粮的验收人。漕粮运到通州码头，本是散装，经过军粮经纪人初检和验粮官准验后，装入麻袋。军粮经纪人用“福炭”在麻袋外面画上自己专用的密符，表示已验讫。

若某袋漕粮在入仓前，被坐粮厅官员或巡仓御史抽查出问题，便可对照密符扇查出对应的军粮经纪人，然后追责问处。

军粮经纪密符扇为存世孤品，现存通州博物馆，为镇馆之宝。据博物馆介绍，该扇似只制作一把，由坐粮厅官员或巡仓御史掌握，不会是人手一把，那样则无意义，也失去密符扇的作用。

2020 年 5 月，我到通州南关听任德永老师讲座，后随他参观通州博物馆，第一次见到了这把扇子。2024 年 6 月，我随陈喜波老师考察通州大运河，后又一次来到通州博物馆，第二次见到了这把扇子。不过，据管理员说，馆内摆放的是仿制品，原件在地库里。“这是国宝，不能轻易展示。”管理员笑着说。

行走攻略

可乘地铁 6 号线在通州北关站下车，C（南）口出，步行前往。上午九点左右站在北关拦河闸桥上拍摄大光楼效果最好。

北运河游船起点在二号码头，终点在漕运码头，途经运河奥体公园、大运河森林公园、观景阁，航时 60 分钟。

可顺便去通州博物馆，看看军粮经纪密符扇。博物馆西有大顺斋食品店，东有小楼饭庄。

石坝　土坝

通州过去有句民谣："穷南关，富北关，吃喝玩乐是东关"。为什么会出现这种现象呢？答案是，北关和东关有码头，有码头的地方必然繁华。

北关的码头叫石坝，东关的码头叫土坝，均为明代吴仲主持修建。

元末明初，通惠河淤塞，无法通航，自南方运来的粮食只能到通州张家湾卸载，再经陆路转运到京城。

明嘉靖年间，吴仲以大通桥为起点，向东疏浚通惠河。到通州段时，吴仲放弃了元代的通惠河河道，使通惠河在通州城北汇入北运河，同时疏浚北运河河道。这样，南来的漕船行至张家湾时就不必停船靠岸，可沿北运河直抵通州城。

为保证有足够的水量，便于行驶漕船，吴仲在通惠河上设置了五道水闸，同时在通惠河与北运河交汇处修筑了石坝和土坝两座码头，用于卸运漕粮。石坝码头位于通州城北门外，西靠葫芦头，东靠北运河。码头由条石砌成，故名石坝。土坝码头位于通州城东门外，北运河西岸，因以木排桩挡土夯筑而成，故名土坝。

石坝码头主要转运军粮。军粮较为粗糙，主要供应八旗士兵和旗人。漕船停岸后，粮食经验收合格后，先装包，再由扛夫将粮包扛到停泊在葫芦头的驳船上，然后经通惠河驳运到京仓存储。

土坝码头主要转运皇粮。皇粮相对精细，主要供应朝廷官员和皇室人员。漕粮经验收合格后，经陆路或水路运到通州城内的粮仓，再经陆路运到京城。

▼ 清代驳船，摄于张家湾博物馆

明代，通州城内建有四座粮仓——西仓、中仓、东仓和南仓，清代合并为两仓——西仓和中仓。目前，只有中仓尚有迹可循。查《北京文物地图集》，中仓遗址在新建街4号院，我去寻访过两次，由于仓址在部队院子里，不能入内。外面能看到的只有一段遗留下来的仓墙，据石碑上的文字介绍，院内尚存有柱础、石碾和台基条石等。

石坝和土坝码头上，每天都聚集着上千名扛夫，又叫扛大个的，这些人多为临时雇佣，在码头听候“把头”派活儿。扛夫每扛完一袋粮，就可以领到一根竹签。竹签就是工钱，扛夫可以凭竹签在通州城内消费，也可以兑换成银两。

扛粮食是个力气活儿，一天下来，扛夫筋疲力尽。挣来的钱，除用于养家糊口外，还要犒劳一下自己，补充体力，养足精神，第二天接着干。扛夫多来自外地，冬季没事干，就在工棚里闲待着，或在街上闲逛，类似东北的“猫冬”。这期间，免不了吃喝嫖赌和打架斗殴之事。

码头上，有一种装卸工叫“蹚大鞋的”。蹚大鞋，就是卸粮时顺便用鞋在米堆里蹚一蹚，这样就能蹚到一些米。回到家里，把鞋里的米倒出来，就够全家人吃一顿饭的。

在通州，除了货运码头，还有客运码头。客运码头在小圣庙村至大棚村一带。小圣庙内供奉龙王，大棚村有关帝庙，南下行旅多在这两处上香，祈求一路平安，逢凶化吉。如今这里是通州城市绿心森林公园所在地，公园内建有北京大运河博物馆、北京艺术中心和北京城市图书馆，为通州的三大标志性建筑。

通州因漕运而兴，百姓因漕运而富。从明代开始，每年冰雪消融、运河解冻之际，通州都要举办开漕节，迎接第一艘漕船的到来。开漕节标志着一年漕运的开始。

开漕节仪式隆重热闹。农历三月初一早上，由朝廷户部侍郎、巡仓御史率领，各路官员齐聚通州石坝码头，每人高举三炷香，向吴仲等四位治水功臣的牌位鞠躬礼拜。

随后，一名身负600斤粮食的壮汉登场，象征坝神重现人间。百姓自发组织的民俗表演也在震天的鞭炮声中开始，狮子、

▲ 石坝码头遗址石碑

高跷、大鼓、旱船、竹马，数十档花会轮番上演。伴随喧天鼓乐，人群浩浩荡荡一路向南，到运河岸边的小圣庙进香。

为传承这一古老民俗，弘扬运河文化，2024 年 4 月 19 日，大运河申遗成功十周年之际，通州区举办了“大运河开漕节”主题系列活动。活动安排了“运河有戏”“运河非遗”和“运河美食”三个板块，推出大运河实景演出《开漕盛典》。

游人还可以搭乘游船，在观赏两岸美景的同时，欣赏京剧、京东大鼓、天津时调、河北梆子等运河沿线传统文艺节目。

行走攻略

可乘地铁 6 号线在通州北关站下车，C（南）口出，步行前往。

通济桥（原名卧虎桥）西南角立有“大运河——石坝码头遗址”石碑，旁边有关于石坝码头的介绍。土坝码头遗址在东关大桥西北角处。大运河中仓遗址在通州博物馆南不远处。

通州有美食三宝：小楼饭庄的烧鲇鱼、大顺斋糖火烧和万通酱园的酱豆腐（现称仙源腐乳），均为百年老字号。

张家湾

相信吗，张家湾名字的来历竟然与一个海盗有关。这个海盗的名字叫张瑄。

张瑄，上海嘉定人，海盗出身，手下拥有船队。元至元十九年（1282 年）春，大都城出现蝗灾，引发粮荒，亟需从南方调运粮食。这时，朝廷看中了张瑄。接到“政府订单”，张瑄踌躇满志，立即着手行动。

张瑄的船队由长江口的太仓刘家港出发，过东海和黄海，绕过山东半岛，进入渤海，在天津大沽口靠岸，然后进入海河，再循白河至通州。张瑄用 60 艘海船将 4 万多石粮食从南方运到北方，成为朝廷功臣，先被授予千户，后升任万户。

说到这儿，张家湾这个名字的来历就不言自明了。《通州志略》对张家湾是这样介绍的：元代张瑄督运南方粮米至此，并由此转陆路运往大都，故此地得名“张家湾”。

通惠河贯通后，终点设在通州张家湾。由此，张家湾成为大运河北端的水路交通枢纽和货物集散地，被称为“大运河第一大码头”。随着漕运的发达，张家湾出现了众多村落，至今张家湾镇尚有上码头村、里二泗村、土桥村、瓜厂村、烧酒巷村这样一些与漕运有关的地名。

元代的张家湾，千帆竞发，万舟骈集，有“船到张家湾，舵在里二泗”之说。《长安客话》用“水势环曲，官船客舫，漕运舟楫，骈集于此，弦唱相闻，最称繁胜”来形容张家湾。直到明代中期，通惠河终点移至通州城北，张家湾码头的喧嚣声才开始慢慢散去。

随着漕运的发达，军役、河丁、役工、商贾蜂拥而至。这些人中，有的来自江淮，也有的来自国外。我在张家湾看到一

▼ 张家湾公园一景

座清真寺，该寺建于明代前期，这说明，那个时候张家湾已经有了穆斯林人。

多年前，文物工作者在张家湾发现了一处琉球人墓地。明清两朝，琉球国是中国的藩属国，向中国遣使进贡。使臣从福建沿海登陆，沿京杭大运河北上，到张家湾码头下船。除使臣外，商人和“留学生”也不在少数。这种现象一直持续到清光绪五年（1879 年），日本用武力吞并琉球国，将其改为冲绳县为止。

说来也巧，不久前，我去国子监参加北京市文物保护协会年会，发现彝伦堂后面有一个“琉球学馆遗址”。琉球本是个小国，能在明清两朝的最高学府里拥有一席之地，非同一般。要知道，其他国家的“留学生”是没有这个待遇的。令我失望的是，该遗址现为国子监“职工之家”使用，不对外开放。

张家湾流行一首歌谣：“进南门，走百步，曹家有个大当铺。”这里说的曹家，指的是曹雪芹家族。曹家祖上任江宁织造，每年都要通过大运河往京城运送绸缎布匹。方便起见，曹家在张家湾开设了当铺，购置了典地。

曹家被雍正下旨抄家后，家道没落，举家迁往北京。曹雪芹成年后，经常乘船往来于京城和张家湾之间。他在《红楼梦》中多次提到张家湾的一些地名，如花枝巷、十里街、葫芦庙等，据说，曹家当铺就在花枝巷内。

1968 年，张家湾村民李景柱在平整土地时，挖出一块墓

▲ 红楼梦画廊，摄于张家湾

石，上面刻有“曹公讳霑墓”字样。曹霑，即曹雪芹。一石激起千层浪，“曹公碑”的发现在红学界引起轰动，以冯其庸为代表的红学家认为，曹雪芹的墓地就在张家湾。但也有人持不同意见，代表人物是另一位红学家周汝昌。其后，关于曹雪芹身世的争议一直不断。

在张家湾博物馆，我见到了这块墓石的原件。墓石为普通的台基石，长 110 厘米，宽 40 厘米，厚 11 厘米。陪我参观的是博物馆副馆长曹志义和村干部李江涛（李景柱之子），他们都表示，墓石的真实性是可以肯定的，曹雪芹去世后葬在张家湾也是可以肯定的。

曹志义是我一个大学同学的朋友，他多年来致力于张家湾历史文化的挖掘，包括整理史料、实地踏勘、采访老人等，张家湾博物馆就是在他的一手张罗下办起来的，“张家湾博物馆”这六个字是当年他请93岁的红学家冯其庸题写的。多年前，他即与其他村委会干部一起提出了依托运河文化、古镇文化和红学文化，打造张家湾历史遗址公园的设想。

在曹志义的办公室，我看到了他手绘的项目图纸。几天后，他通过微信给我发来了张家湾总体项目可行性分析报告，内容翔实，前景可观，看得出，他为此花费了大量心血。作为一个大运河文化爱好者，我希望他们的设想能够早日变为现实。

行走攻略

可乘地铁1号线或7号线，在花庄站下车，出C（东南）口，步行前往。

张家湾的大运河遗址包括古城、通运桥、清真寺、皇木厂、里二泗佑民观、里二泗码头等。张家湾的回民小吃很多，地道正宗。地铁1号线和7号线的终点是北京环球度假区，距离花庄一站地。

如对琉球文化感兴趣，可关注中国国家地理科考部组织的“琉球群岛自然人文考察”活动。

通运桥（萧太后桥）

走出花庄地铁站，我向一位村民打听萧太后桥，他反问我："你说的是'大石桥'吧？"

"萧太后桥"，"大石桥"，都是老百姓的叫法，其实，这座桥的正式名称是通运桥。

通运桥是一座石桥，建于明万历年间，在此之前，它是一座木桥，与张家湾城一同建造，也可以说是张家湾城的一部分。

"土木堡之变"后，明朝国力渐弱。蒙古各部乘机多次突破古北口长城，逼近北京。令朝廷担忧的是，张家湾城内的通济仓里存有大量粮食，这些粮食一旦被蒙古骑兵劫夺，京师危在旦夕。

在大臣们的奏请下，嘉靖皇帝决定在张家湾抢筑城池，"卫京护漕"。可问题来了，银子从哪儿来？要知道，嘉靖登基后，大兴土木，国库几近空虚。几年前动工修建北京外城，修到一半时，资金跟不上，不得不叫停。

人到穷时就要节衣缩食。这时的嘉靖皇帝打起了伙食费的

▲ 通运桥（萧太后桥），桥头为张家湾古城南门和城墙

主意，他命令掌管宫廷膳食的光禄寺拿出三万两银子，支持项目上马，并号召大臣们捐款，最后总算凑齐了工程款项。为节省建材费用，工部官员又搜集了一些修建紫禁城剩余的城砖。

皇帝亲自抓的项目，谁都不敢怠慢，三个月后，张家湾城竣工。城池呈刀字形，周长 3 公里，城墙高 6 米，厚 3 米，城门五座。城池虽小，却固若金汤，一直未被外敌攻破。日本人占领通州后，为修建炮楼，将张家湾城垣拆毁。今天的张家湾仅存一段古城城墙，长约百米。

张家湾城南，有萧太后河流过，起到了护城河的作用。萧太后木桥的位置正好在南门外，南北走向。由于人来车往，风吹雨淋，木桥说坏就坏。明万历三十年（1602 年），有大臣奏请改建石桥，并建福德庙和文昌祠，镇守此桥。

万历皇帝的生母李太后是通州人，对此项目极力支持，并捐资大半。三年后，石桥和庙宇建成，万历皇帝为石桥赐名“通运桥”。史书记载，李太后一生好佛，对修建寺庙尤其感兴趣，北京的慈寿寺（玲珑塔）和万寿寺都是按她的意思建造的。

有太后做后盾，通运桥的质量自然差不了。历经四百余年风雨，今天的通运桥风采依旧。桥身由花岗岩条石砌成，长43.5米，宽10米，三孔石券洞结构。桥两侧各有18根海棠望柱，每个望柱都雕有石狮子，造型丰满，形象生动。

▲ 萧太后桥上的石狮子

在中国古代，狮子被视为瑞兽。桥上安放石狮子，既显威武，又增加美感。北京现存六座雕有石狮子的古桥（座狮桥），即卢沟桥、断虹桥（故宫内）、东华门石桥（故宫内）、永通桥（八里桥）、十七孔桥（颐和园内）和通运桥，都非常好看。

通运桥的一大特色在于，桥面两侧围有 19 块青砂岩石栏板，每块栏板的里外两面都刻有宝瓶状浮雕，寓意“保佑平安”，桥上行人和船上旅人都能看到。在北京的古桥中，唯有萧太后桥这样设计。

给我印象深刻的，还有桥面上一道道深深的辙沟，与卢沟桥的桥面很相似。据记载，萧太后桥两侧曾有货运码头和客运码头，当年，这里车水马龙，一片繁忙。仔细观察，可以发现，萧太后桥两侧尚有完好的石质平台，显然，这是当年为了便于人员上下船建造的。

萧太后桥雁翅上雕刻有一只饕餮状的镇水兽。相传，这只镇水兽时常夜间跑出来干坏事。有一次，它正在祸害庄稼，正巧被从庙里出来巡视的关羽撞见。关老爷见状，怒不可遏，挥刀向它砍去。至今，这只镇水兽背部还留有一道刀痕。

离开通运桥，我沿着萧太后河向凉水河方向走去。在古城东南便门外，我看到了虹桥遗址。虹桥横跨于玉带河上，因外形似雨后彩虹而得名。玉带河是元代郭守敬主持开挖的通惠河旧河道，如今是萧太后河的一条支流，由通州城内流过来。

通州流传一首民谣："通州城，好大的船，燃灯宝塔做桅杆，钟鼓楼的舱，玉带河的缆，铁锚落在张家湾。"把玉带河比作通州一条弯弯曲曲的缆绳，很是形象。如今，通州城内的玉带河已经被盖上了盖子，只留下了玉带河大街这个名字。

行走攻略

可乘地铁 1 号线或 7 号线，花庄站下车，C（东南）口出，步行前往。

沿萧太后河走到凉水河，可以看到二水交汇景观。通运桥南有建于明代的清真寺，为区级文物保护单位。可与张家湾博物馆、皇木厂村、里二泗村绑定行程，一并参观。

据悉，通州区政府已有计划依托张家湾古城和通运桥，在张家湾建遗址公园。

皇木厂

“北京城是漂来的”，此话没错，到皇木厂村走一走就知道了。

皇木厂，位于通州张家湾，因存储修建北京城的木材而得名。

明永乐年间，为营建北京城，朝廷派官员前往云贵和巴蜀等地砍伐树木，为存储这些千里迢迢运来的木材，工部在通州张家湾设立了皇木厂。随着运木的车户、脚夫落户于此，这里慢慢形成了一个村落，名为“皇木厂村”。

明代建造宫殿的木材主要使用楠木和杉木，这些木材的特点是质地紧密，坚固耐用，容易加工。此外，还有铁花梨、硬合欢树、紫檀、红木等。

凡是好东西得来都不易。这些木材采伐的过程十分艰难，有斧手专事树木砍伐；有木工在原木上穿鼻，以便拴缆绳拉拽和绑扎木筏；有石匠凿山开路；有铁匠打制采木的工具；有篾匠编制缆绳……

放倒的木材，从山里往外运更难。一根长七丈的楠木，需要运夫 500 人。沿路设置交接点，这些交接点被称为塘。每十里一塘，一塘接一塘，直到水边。

伐木不仅累，也很危险，有“入山一千，出山五百”的说法，也就是说，将近一半的采伐者没有走出深山。

木材运抵水边后，扎成木筏，由水手放筏，由山溪到小河，由小河至大江，再经大运河北上，运到张家湾，上岸储放，然后经陆路运到建筑工地。一根木材从产地运到通州，往往需要两三年甚至更长的时间。

在皇木厂村，我看到一棵系有红绸带的古槐，枝繁叶茂，冠盖如伞。树旁石碑记载：明代，北京城皇家建筑所用木材沿大运河运此存储，管理官吏在木厂周围植槐，此树树干直径 1.6 米，树龄 600 余年。

村里人对这棵古槐非常看重，我在树下遇到一位乘凉的老大娘，她说，这棵树可有年头了，谁也动不了。听说我们从城里过来，她又说：“大老远的，到家喝口水吧！”此事虽为寻访途中的一个细节，却让我感动不已，至今难忘。

明代，通惠河口从张家湾挪到了通州城北，由大运河运来的粮食和木材可以直接运到通州城。由此，在通州城北又出现了一座皇木厂。我在查看地图时发现，今通州北关附近尚有北皇木厂街和北皇木厂北街这样的地名。

除了通州的两个皇木厂，北京城内也有多处存放木材之处，就我所知，庆丰闸南和崇文门外有神木厂，朝阳门外有大木厂，海淀万泉河畔有皇木厂。

木材存放期间，如遇大雨或涨水，极易漂流失散。据载，嘉靖三十二年（1553年）秋，通州大雨如注，张家湾段运河冲决，皇木厂大木尽行漂流。多年前，人们在北运河打捞上来数根巨大的皇木，现存三教庙等处。没被发现的皇木不知还有多少。

明代建设北京宫殿耗时最多的是准备木料，从1406年启动，到1420年都城竣工交付使用，前后14年。其中，准备木料等建材11年，建造宫殿只用了3年。

皇木厂除储存木材外，还储存石材和食盐。明永乐年间，明成祖诏建北京城，从山东日照等地开采花板石，运到通州张家湾码头。冬季，需要往地面上泼水，冻成冰面，用牲口拉运。皇木厂村设有花板石厂，专门存储并加工石材。

1998年，皇木厂村在对旧村进行改造时，发现了数十块石材，最重的达20多吨，有些石材上还存有开采凿痕。可以想象，当年开采和运输这样一块庞然大物有多难。我在皇木厂村头看到一块“花板石厂遗石”，据介绍，此石即为当年发现的石材之一。

皇木厂村还是有名的盐厂村。明清时期，北京地区食用盐

▲ 花板石厂遗石

多来自天津，自北运河运到张家湾。皇木厂村设有上盐厂和下盐厂。1998 年，村民在下盐厂遗址发现了旧时所用盐船跳板和排桩，还有 3 个石权，其中一个重达千斤。石权，俗称秤砣。用这么大的秤砣来称盐，说明盐厂储量之大。

明代，皇木厂村有皇木码头与皇木厂、花板石码头与花板石厂、盐码头与盐厂，十分繁盛。这种景象一直延续到清嘉庆十三年（1808 年）北运河改道为止。

今天的皇木厂村已被打造成为民俗旅游村，并荣获“北京最美乡村”的称号。走进村内，房舍规整，树木葱郁，花草相间，溪流潺潺。村子周边建有大片葡萄园，有葡萄品种 100 多个，还有梨树和枣树等种植园。来皇木厂村，可以感受运河文化，也可以体验采摘的乐趣。

行走攻略

皇木厂村位于张家湾镇西北部，北临城市绿心公园，可乘地铁 1 号线或 7 号线，花庄站下车，C（东南）口出，步行前往。

村内留有一段京杭大运河古河道，长 300 米，岸边立有一块“大运河——皇木厂运河故道遗址”石碑，还有一块“舳舻千里”石碑，不要错过。

村史博物馆是一幢五层塔楼，外观漂亮，馆藏丰富，但平时不对外开放。

里二泗

乍一听到里二泗这个名字，我有些发蒙。当我走进村子，看到“里二泗码头遗址”石碑上的文字，方解疑惑。

元代，漕船穿行在里二泗村北，在此形成了码头。当时，北运河由主干河流、通惠河、萧太后河和凉水河四条河汇流而成，因而有泗河之称。泗河自通州城流向东南后，分为内外两股，于是有了里二泗和外二泗的说法。

清嘉庆十三年（1808 年），北运河改道，自大棚村以下不再走张家湾、里二泗一线，而改为向东南走康家沟河道，其行经路线是：大棚村—小圣庙—黎辛庄—刘各庄—甘棠—武家窑。这条路线就是今天的北运河河道。

北运河改道后，原来的河道由于有凉水河和萧太后河注入，仍然可以行船，但运输的货物改成了食盐。张家湾设有盐厂，京师所用天津长芦盐即由这条通道运来，所以北运河故道又被称为小盐河。

繁华已逝，遗迹犹存。里二泗村有一座佑民观，紧邻当年的漕运码头。元代，佑民观称天妃庙，专门供奉妈祖。元代漕粮运输为海运和河运并行，相应地，妈祖文化被带到了北方，受到上至帝王、下至百姓的尊崇。

相传，妈祖真名叫林默娘，福建莆田湄洲岛人，生于宋代。林默娘善良勇敢，因救助海上渔民不幸遇难。人们为纪念她，建庙祭祀，并称其为妈祖。久而久之，妈祖在东南沿海一带被奉为海神娘娘，人们相信，她能够护佑海上船只和水手的安全。

明嘉靖年间，道长周从善集资重修里二泗天妃庙，并奏请笃信道教的嘉靖皇帝赐名“佑民观”，取护佑民众之意。此后，天妃庙成了道观，但里面依然供奉有妈祖。明代中期以后，佑民观的一部分曾用作运河理漕厅的办公场所。

▼ 里二泗佑民观

清代，漕运一直是康熙皇帝的心病。他曾写下“三藩、河务、漕运”六个字，差人挂在乾清宫的柱子上，作为“柱右铭”时时提醒自己。有一次，他到通州视察，驻跸佑民观，在这里接见了当地官员，并写下“保障漕河”四个字。

经一位道士指点，我在佑民观门前看到了书写在牌楼匾额上的康熙御笔。环顾四周，来这里参观的只有我一个人。与其他寺院不同，这里没有缭绕的香火，纷扬的灰尘，可以放慢脚步，细细观看。

自康熙开始，妈祖的地位有了明显提升，与文圣孔子、武圣关公并列，被称为“三圣”，天妃庙也改为天后宫或天后庙。

也许很多人不知道，北京东城区有条育群胡同，乾隆年间曾建有一座天后宫，为吏部尚书福康安所建。据说，电视剧《还珠格格》里的福尔康原型就是福康安。

乾隆五十一年（1786 年），台湾局势动荡，福康安奉命带兵前去平定。过台湾海峡时，清军遇阻，一筹莫展之际，忽有海风刮来，战船得以顺利过海。福康安认为这是妈祖保佑的结果，回京后，他在马大人胡同（今育群胡同）修建了一座天后宫，以报答妈祖的恩德。天后宫遗址位于育群胡同 19 号，现为东城区某单位办公场所。

大运河带给里二泗的还有庙会。作家刘绍棠曾经描写过里二泗庙会的热闹场面：“各路民间花会艺人，高跷、秧歌、狮子、龙灯、花棍、竹马、腰鼓、旱船、中幡、少林、十不全、小车会……争先恐后奔赴里二泗河神庙朝顶进香。”

文中说的小车会是里二泗庙会中的代表性项目。演出时，木质车架用布蒙住，布上画有车轮，车架套系在表演者的腰间，如女子坐车状。另有一位男子推车。在鼓乐的伴奏下，二人推车赶路，上山过桥，旁边有账房先生、傻小子、媒婆等陪伴。演员们通过诙谐幽默的动作和不同的表情，把一个完整的故事情节表现出来，场面极为热烈。

作为一项独具特色的民间艺术形式，里二泗小车会一直传承至今，现已被列入通州区非物质文化遗产名录。

来里二泗，一定要逛一逛张家湾公园。该公园位于里二泗

▲ 张家湾公园一景

村东，紧邻北运河，与大运河森林公园和城市绿心公园同为北运河畔的重要景观。由于地处东六环之外，远离市区的繁华喧闹，没做过多宣传，这座公园不大为人所知，我也是在徒步时发现的。

公园占地面积很大，集自然风光、历史文化、休闲娱乐于一体。走进公园，木栈道蜿蜒曲折，湖水映照着蓝天白云，仿佛置身于江南水乡。景区内还建有“泗水古巷”和“曹石印记”等景观，运河文化气息扑面而来。

行走攻略

途经里二泗村的公交车很多，如 805 路、810 路、938 路，通 21 路、通 22 路、通 9 路等，多数都可以换乘地铁。

里二泗码头遗址石碑立在佑民观后面（北侧），紧邻小盐河（北运河故道）。佑民观免费开放，游人不多，非常肃静。

由佑民观向东可到张家湾公园，继续东行，过京塘路即到北运河。岸边步道宽阔平坦，适合徒步。

附录

京杭大运河考察日记

京杭大运河北起北京，南至杭州，流经天津、河北、河南、山东、江苏和浙江六省市，沟通海河、黄河、淮河、长江和钱塘江五大水系，全长近 1800 公里。京杭大运河正式开凿于元代，至今已有 700 多年的历史。

大运河是祖先留给我们的宝贵遗产，是中华民族勇敢和智慧的结晶。2014 年，包括京杭大运河、隋唐大运河和浙东大运河在内的中国大运河被列为世界文化遗产。

2023 年 11 月，中国国家地理科学考察部组织“舟楫千里——京杭大运河文化考察”活动，看到这一消息，我兴高采烈，立即报名。回来后，我对这次活动进行了总结。看过这一部分，对北京大运河会有更深入、更全面的了解，也可将本部分作为行走京杭大运河全程的攻略参考。

一 活动组织

- 主办：中国国家地理科学考察部
- 领队：周梓溢，中国国家地理科学考察部，地理学硕士，毕业于复旦大学
- 副领队兼摄影：赵亮，就职于中国国家地理科学考察部
- 随队专家：姜师立，扬州市文联主席，曾任中国大运河申遗办公室副主任，出版大运河专著 18 部，写有《决胜多哈——大运河申遗成功现场亲历记》
- 队员：21 人，来自全国各地

二 活动路线

济南 — 聊城 — 济宁 — 宿迁 — 淮安 — 扬州 — 镇江 — 无锡 — 苏州 — 杭州

全程 1500 公里

▲ 京杭大运河文化考察路线图

三 活动行程

第一天 （11月27日）

济南集结

欢迎晚宴，行前说明会，姜师立老师讲座

住宿：济南美悦云禧酒店

第二天 （11月28日）

行程：济南—聊城中国运河文化博物馆（109公里，1小时30分钟）—聊城山陕会馆（4公里，10分钟）—戴村坝（107公里，1小时40分钟）—南旺分水龙王庙（48.7公里，50分钟）—济宁（32公里，40分钟）

中餐：聊城市餐厅

晚餐：济宁市餐厅

住宿：济宁京杭假日饭店

打卡点一：聊城中国运河文化博物馆

聊城是运河沿线的重要城市，有“江北水城、运河古都”之称。隋代，京杭大运河从聊城西部穿过。元代，会通河纵贯聊城腹地。运河通，商贸兴，聊城千百年来的繁荣得益于一条大运河。

作为本次行程打卡的第一站，我们先来到了聊城中国运河文化博物馆。

据讲解员介绍，聊城中国运河文化博物馆是国内第一座以运河文化为主题的专题博物馆，开馆于 2009 年，现为国家二级博物馆。博物馆面积不算很大，但对京杭大运河的介绍很全面。博物馆以“运河推动历史，运河改变生活”为主题，基本陈列包括“运河文化”与“聊城历史文物”两大部分。

引人注目的是，博物馆大厅内陈放着一艘巨大的漕船。该船于 2002 年在聊城运河出土，长 17.5 米，最宽处 2.8 米，共有 11 个舱体，可运载六吨粮食。专家考证，该船建造于元代，是大运河沿线发现的最早的沉船。

博物馆紧邻东昌湖和水上古城，古城中心有光岳楼，是聊城的标志性建筑，可惜我们行程紧张，无暇光顾。

打卡点二：聊城山陕会馆

东昌湖畔，大运河西岸，有一座富丽堂皇的古建筑，它就是山陕会馆。

山陕会馆建于清乾隆年间，建造者是山西和陕西商人。当地人称这座会馆为“关帝庙”，因为里面供奉有关羽。关羽是山西人，其忠义勇武为世人称道，晋商不管走到哪里都要立庙供奉。

会馆内最值得看的是它的雕刻，包括石雕、木雕和砖雕，还有绘画艺术。这些雕刻构思之精巧，技艺之精湛，国内罕见，对研究中国古代建筑史和艺术史具有极高价值。1988 年，聊城山陕会馆被列为第三批全国重点文物保护单位。

聊城的会馆文化曾经繁盛一时。漕运兴盛时期，聊城先后出现过 20 多家会馆，目前，完整保留下来的只有山陕会馆。它是运河文化的一部分，是山陕商人深谋远虑、吃苦耐劳和诚实守信商业精神的见证。

出门靠老乡，会馆是同乡聚会的场所，也是交流信息、商谈合作、互帮互助的地方。富甲一方的晋商对会馆建设尤其重视，聊城山陕会馆就是最明显的例子。

打卡点三：戴村坝

说起京杭大运河，离不开“运河之心”戴村坝。

戴村坝位于泰安市东平县境内的大汶河上，是保障明清两代大运河最高段水源供给、实现漕运畅通的关键性工程。

明成祖朱棣迁都北京之后，为实现南粮北运，在元代京杭大运河的基础上，对重要河段进行了疏浚改造。当时，京杭大运河的制高点和分水岭在济宁南旺段，此处比北边的临清高出 30 米，比南边的徐州高出 40 米，无法通行重载漕船。

面对如此难题，工部尚书宋礼急得团团转。高手在民间，就在这时，他遇到了“汶上老人”白英。白英是山西洪洞人，明朝初年迁到山东汶上县，后成为运河民夫的领班。白英熟悉当地水情，善于出谋划策。

宋礼采纳了白英的建议，在汶上县和东平县交界的戴村拦大汶河筑坝，遏大汶河水进入新开挖的小汶河，再引流到南旺的分水口，然后通过河底部的鱼脊状石拨，将运河河水分流南北。

白英方案巧妙地解决了“水往高处流”的难题，实现了运河河水“七分朝天子，三分下江南”。南旺水利枢纽的建成，保证了此后五百年大运河的畅通。戴村坝是中国古代水利工程的伟大创造，也是世界水利史上的杰作。古人的智慧真的无法想象。

会通河工程全线竣工后，朱棣召宋礼偕白英入京受勋，可就在这时，白英老人因常年奔波劳累，呕血去世。

戴村坝有一个著名景观，这就是“戴坝虎啸”——每秒1400立方米的水流被卧波巨石挡住去路，白浪翻滚，声若虎啸。戴村坝博物馆讲解员告诉我们，每年七八月份是观赏这一景观的最佳季节。

打卡点四：南旺分水龙王庙

古人认为，凡是有水的地方，无论江河湖海，都由龙王掌管，由此，诞生了一个个的龙王庙。

京杭大运河两岸，龙王庙不可计数，若论规模，南旺分水龙王庙名列前茅。

南旺分水龙王庙位于济宁市汶上县南旺镇，随南旺分水枢纽一同修建。经过明清两代的多次扩建，南旺分水龙王庙形成一处规模宏伟的建筑群。该庙地处小汶河和大运河交汇处，面对“水脊”，坐南向北，平面布局呈横向扁方形，以龙王庙为主体，附有禹王殿、宋公祠和观音阁。

禹王殿为纪念大禹治水而建。宋公祠供奉的是工部尚书宋礼，它还有两座配殿，一座供奉辅佐宋礼治河的济宁同知潘叔正，一座供奉民间水利专家白英。

清朝末年，由于运河改道和铁路的兴起，南旺枢纽变得冷清起来。运河故道淤塞成了平地，分水龙王庙香火不再，唯有庙前的镇水兽在述说着这里昔日的繁华。

第三天（11月29日）

行程：济宁—微山湖南阳古镇（乘船到达，50 公里，1 小时）—微山船闸（35 公里，40 分钟）—窑湾古镇（187 公里，2 小时 40 分钟）

中餐：南阳古镇餐厅

晚餐：窑湾古镇餐厅

住宿：窑湾古镇酒店

打卡点一：微山湖南阳古镇

“西边的太阳快要落山了，微山湖上静悄悄，弹起我心爱的土琵琶，唱起那动人的歌谣。”说到微山湖，很多人脑海中一定会跳出这首《铁道游击队》中的插曲。

微山湖，又称南四湖，包括微山湖、昭阳湖、独山湖和南阳湖，由于微山湖最大，所以南四湖也统称微山湖。南阳古镇就位于南四湖北侧的南阳湖中。

唐代，山东境内的运河由西向东迁移，引汶泗二水至济宁，再南北分流，南下的一股顺泗水下流，过南阳，经徐州，南达江淮。宋代，南阳成为泗水岸边的较大村镇。

元代，南阳建有船闸。明代中期，南阳成为繁忙的货物码头，为运河四大名镇之一（另外三个是夏镇、镇江和扬州）。文献记载，明清两代，南阳“渔船、酒船、商船、米面船，往来相接群聚，帆樯林立如街市”。

繁盛之时，南阳镇有皇宫所、皇粮殿、二爷庙、古运河闸、魁星楼、文公祠、大禹庙等十多处名胜古迹。目前镇内尚有皇宫所遗存可寻。

清政府曾在南阳镇设守备及管河主簿。乾隆皇帝下江南也曾在镇上停留，并为马家店题写匾额。

南阳古镇随运河而兴，也随运河而衰。近年来，为适应旅游需要，镇上建起了很多展现明清风情的建筑，引来众多游人。

打卡点二：窑湾古镇

千百年来，大运河滋养着两岸土地，沿途串起了众多古镇，窑湾古镇便是其中之一。

顾名思义，窑湾是烧窑的地方。烧砖制瓦一直是镇上人谋生的手段。明清时期，窑湾古镇是京杭大运河上的重要码头，苏北鲁南一带的商品集散地。民国初年，窑湾古镇有商号、工厂和作坊300多家，其中包括钱庄13家。美孚石油公司、亚细亚石油公司和五洋百货等外国公司都在这里设有分支机构。

古镇上最有名的是“夜猫子集市”。由于货船白天航行，夜间停靠窑湾，因此，每天三更半夜，镇上的居民便不约而同地来到码头，做起了生意。半夜开张，天明罢市，久而久之，便有了“夜猫子集市”的说法。我们平时说的夜市到半夜就关张，而窑湾古镇的“夜猫子集市”不到天亮不收摊。

古镇盛产绿豆烧酒、甜油和桂花糕。绿豆烧酒以冬瓜为原料，具有滋补健身的功效。甜油不是油，而是一种口感酥脆、味道香甜的点心。桂花糕以桂花为原料，吃起来软糯可口。

随着大运河漕运的衰落，古镇走向萧条。2008年，新沂市启动窑湾古镇保护开发工作，吴家大院、赵信隆酱园店、大清窑湾邮局、江西会馆、山西会馆，一个个承载历史记忆的景点相继亮相。2010年，窑湾古镇被中国大运河网评为“最美运河十景”第二名。

夜猫子集市不再，夜晚的古镇格外肃静，天空的星星一眨一眨，像是在向我们微笑。

第四天（11月30日）

行程：窑湾古镇—宿迁龙王庙行宫（47公里，50分钟）—淮安清口枢纽遗址（114公里，1小时40分钟）—淮安总督漕运公署遗址（25公里，30分钟）—高邮盂城驿、镇

国寺塔（104 公里，1 小时 30 分钟）—高邮（5 公里，10 分钟）

中餐：淮安市餐厅

晚餐：高邮市餐厅

住宿：高邮新霖飞国际大酒店

打卡点一：宿迁龙王庙行宫

宿迁北倚骆马湖，南邻洪泽湖，京杭大运河穿境而过，是南北运输通道的重要节点。

“安澜息波，漕运通畅。”宿迁有座龙王庙，坐落于皂河古镇。与其他龙王庙不同，这座龙王庙后面带有“行宫”两个字。原来，它是乾隆皇帝住过的地方。

乾隆皇帝六次下江南，五次驻跸宿迁龙王庙，其间免不了要祭拜一下龙王，祈愿风调雨顺、国泰民安。乾隆皇帝还称赞宿迁为“第一江山春好处”。

上有所好，下必从之。清代以来，每年农历正月初八至初十,四面八方的百姓都会来这里赶庙会，参拜龙王，届时人如潮涌，盛况空前。

宿迁是西楚霸王项羽的老家，建有项王故里景区。霸王蟹是这里的一道名菜，个大、体肥、膏满、肉鲜、质嫩。宿迁有“中国白酒之都”称号，著名的洋河、双沟两大名酒均出产于此。

一条大运河，给人们带来了精神上的满足，也给人们带来了物质上的享受。

打卡点二：淮安清口枢纽遗址

京杭大运河上，最复杂、最具科技含量的水利工程当属清口枢纽。

南宋建炎二年（1128 年），黄河夺淮入海，清口成为黄、淮、运三河交汇之地，含有大量泥沙的黄河水给运河带来极大威胁。

明万历年间，治河名臣潘季驯提出“筑堤束水、以水攻沙、蓄清刷黄、济运保漕”的治河方略，得到内阁首辅张居正的首肯。潘季驯的治水经验为清口枢纽的进一步完善打下了基础，经过后世的不断维护，清口枢纽成为一个庞大的水利系统工程，持续运行了 400 多年。

清康熙、乾隆二帝都曾六次南巡，每次都亲临清口。亲临治河第一线巡视，这是此前历代帝王都不曾有过的举动。

明清时期的清口枢纽现已废弃。现代清口枢纽主要指淮阴杨庄水利工程枢纽区，该区内建有淮阴节制闸、淮阴三线船闸和淮沭河船闸、淮阴抽水二站等十多项大中型水利工程。

清口枢纽遗址留有一座“御制重修惠济祠”碑，上面刻有乾隆皇帝首次南巡写下的碑文：“经国之务，莫重于河与漕，而两者必相资而成。”

2014 年，淮安清口水利枢纽作为中国大运河唯一的一项综合性水利工程遗产点，被列入世界文化遗产名录。

打卡点三：淮安总督漕运公署遗址

大运河视频节目中经常会出现这样一个画面：一座墙壁似的石碑，上面写有："南船北马舍舟登陆。"知道这座石碑立在哪里吗？它就立在淮安市石码头遗址处。

淮安是南北水运的枢纽，东西交通的桥梁。明清时期，主管全国漕运的最高机构——总督漕运公署就设在淮安。

总督漕运公署，又称总督漕运部院，其职能是管理南粮北调，督察催促漕运。总督漕运公署机构庞大，有文武官员及士兵200多人，下辖储仓、造船厂和卫漕兵厂，能够调遣上万只漕船和十余万漕军，要负责每年400万石的粮食运输。清代漕运最盛时，每天途经淮安的漕船有6000多艘。

漕运总督的级别高得吓人——清代为正二品，有时为从一品，可以直接向皇帝"汇报工作"。个别年代，漕运总督还兼任地方官，也就是巡抚。我们熟知的抗清名将史可法和清代政治家林则徐都曾在淮安任过漕运总督。

总督漕运公署建筑规模宏伟，有房200多间。民国时期，总督漕运公署建筑群被改为县体育场和剧院。1949年后，这里成为淮安县人民体育场。1988年，淮安市政府在遗址上重建门厅九间，门楣置"总督漕运部院"匾额。

打卡点四：高邮盂城驿

高邮，因地势较高且早年间设有"邮局"而得名。此地流行一个歇后语：空中寄信——高邮。

高邮盂城驿位于高邮市南门大街，是明清时期大运河沿线规模最大的驿站。

盂，古代盛饭盛水的器皿，上面为圆口。盂城，高邮的别称，来自宋代词人秦少游的诗句“吾乡如覆盂”。

盂城驿始建于明洪武年间，原有厅房100余间，包括驿站、驿舍、公馆、马棚、库房等。明代，盂城驿配备驿船18条，驿马130匹。

明代驿站分为三种，水路设水驿，陆路设马驿，如果两者兼具，则称水马驿。盂城驿即为水马驿。

“一驿过一驿，驿骑如星流”，明清时期，京杭大运河沿岸设有60余处驿站。北京通州有潞河驿，原址在通州东关赵登禹大街5号院，北临土坝码头，为水路和陆路兼用的水马驿。

民国时期，盂城驿被撤销，20世纪五六十年代被先后改建为居民住宅。1993年，高邮市修复了驿站的主体建筑，与南门古街共同组成明清民居建筑群。同时，建立了中国唯一的邮驿博物馆。

如果想了解中国邮驿的历史，不妨来高邮市邮驿博物馆看看。

打卡点五：镇国寺塔

在高邮，我们遇到了市文联主席——徐霞，她是当地一位小有名气的作家，她陪我们先来到了镇国寺塔。

据徐霞介绍，全国古塔中，四方形古塔仅有两座，一座是西安的大雁塔，一座便是眼前的镇国寺塔。

镇国寺塔也称西塔，位于高邮运河中间的一个小岛上，东临高邮市区，西近高邮湖。该塔为 7 层楼阁式，高 35 米，塔刹装有一个青铜铸葫芦，上面刻有“风调雨顺、国泰民安”八个字。

清乾隆年间，一场大火将塔内的楼板烧毁，塔内成为空洞。随后，又有一场龙卷风将塔吹倒了 3 层，原本 9 层的塔变成了 6 层。光绪年间，古塔经过修复后变为 7 层。

镇国寺塔保留了唐代古塔的建筑风格，与西安大雁塔类似，故被誉为“南方大雁塔”。1956 年，大运河拓宽，镇国寺塔面临拆除还是保留的难题，国务院领导得知后，批示“让道保塔”，使得我们今天还能够欣赏到古塔的风姿。

打卡点六：汪曾祺纪念馆

“垒起七星灶，铜壶煮三江，摆开八仙桌，招待十六方……”京剧《沙家浜》中的这段经典唱词出自作家汪曾祺之手。

汪曾祺，小说家、散文家、戏剧家，江苏高邮人，毕业于西南联大。他一生经历坎坷，曾被错划为“右派”，平反后调入北京京剧团，从事编剧工作。

汪曾祺的作品平淡质朴，娓娓道来，如话家常。汪曾祺喜欢水，他说：“我的家乡是一个水乡，我是在水边长大的，耳目之所接，无非是水。水影响了我的性格，也影响了我的作品的风格。”

汪曾祺会生活，他说：“我以为，最美的日子，当是晨起侍花，闲来煮茶，阳光下打盹，细雨中漫步，夜灯下读书，在这清浅时光里，一手烟火一手诗意，任窗外花开花落，云来云往，自是余味无尽，万般惬意。”

汪曾祺还是个美食家，每次吃完，都要品鉴对比，然后形成细致入微的文字。汪曾祺不光会吃，还会做。他的烹调方法花样翻新，一旦失败，总结教训，从头再来。正因为如此，家里人都称他为“可爱的小老头”。

2020 年 5 月，汪曾祺纪念馆在高邮落成。纪念馆通过展览和音频形式对汪曾祺的一生做了全面介绍。

参观完毕，我们来到一层的书店，翻看汪曾祺的作品，直到保安提醒：“闭馆时间到了”，我们这才恋恋不舍地离开。

第五天（12月1日）

行程：高邮—邵伯船闸及码头（32 公里，40 分钟）—扬州中国大运河博物馆（33 公里，40 分钟）—镇扬汽车轮渡（20 公里，30 分钟）—镇江西津渡古街（5 公里，10 分钟）—无锡（127 公里，1 小时 30 分钟）

中餐：扬州锦春大酒店（淮扬菜）

晚餐：无锡市餐厅

住宿：无锡日航大酒店

打卡点一：邵伯船闸及码头

邵伯是扬州市江都区下辖的一个镇，邵伯船闸是京杭大运河苏北段上的一个梯级控制枢纽。

邵伯船闸始建于东晋，唐代建单斗门、二斗门船闸，宋代建三门两室船闸。民国时期修建了一座新式船闸，后废弃。1949 年后，邵伯新建了 3 座大型现代化船闸。可以说，邵伯船闸记录了中国船闸发展的历史。

在邵伯二号船闸处，我们看到，几艘大型货船正在按顺序过闸，船上装满了煤炭和建材。据姜师立老师说，这里每天都很繁忙，在现代交通工具普及的今天，大运河仍然承担重要的运输任务。

自邗沟贯通江淮后，运河两岸出现众多码头，如今邵伯段运河尚存四个古码头，自北向南分别为竹巷口码头、大码头、朱家巷码头和庙巷口码头。

这四座码头是船舶往来的主要停靠之处，也是邵伯商品交易的主要场所。邵伯在清代以前的繁荣，很大程度上得益于这四座码头。

清康熙三十八年（1699 年）六月，淮河水灾，邵伯南更楼决堤。康熙皇帝闻奏，大为震惊，命河道总督于成龙迅速治理。事后，官府在淮河下游至入江处安置了“九牛二虎一只鸡”，以期镇水。今天，走进邵伯斗野园，仍能看到一头保存完好的铁牛。

作家朱自清对这头铁牛充满感情，他在《我是扬州人》一文中写道：“邵伯有个铁牛湾，那儿有一头铁牛镇压着。父亲的当差抱着我去看它，骑它，抚摩它。”

打卡点二：邗沟

俗话说，千里运河始邗沟，追溯中国大运河的历史，首先要说开凿于春秋时期的邗沟。

公元前 486 年，吴国欲攻打北方的齐国，为更方便地运输兵马粮草，吴王夫差下令开凿一条运河。这条运河南起邗城（扬州），北至淮安，长度 170 公里，人称“邗沟”。邗沟将长江与淮河连接起来，是中国也是世界上最早的运河。

邗沟凿通后，吴王夫差率军北上，经淮河，入泗水，联合鲁国，重创齐军，吴王夫差由此威震中原。没想到，“卧薪尝胆”十年的越王勾践乘虚而入，攻打吴国，吴王夫差被迫原路返回，称霸天下的野心成为泡影。

到了隋代，隋炀帝开挖南北大运河，同时对邗沟进行疏通，拓宽河道。大运河贯通后，隋炀帝三次巡幸扬州。扬州也最终成了隋炀帝的归宿之地。

元代在隋唐大运河的基础上修建了京杭大运河，邗沟也随京杭大运河的挖通改名为淮扬运河、里运河。

“霜落邗沟积水清，寒星无数傍船明。”2000 多年来，邗沟一直是大运河文化的重要符号。

在当地文史工作者的陪同下，我们来到了瘦西湖畔的古邗沟遗址。历经多次改造，这里已经不再行船，只留下一段古河道，任人凭吊。2500 年前，大运河的第一锹土就是从这里开挖的。它创造了历史，也成了历史。

打卡点三：淮扬菜馆

到了扬州，必吃淮扬菜。吃一次淮扬菜，一生难忘。

中国八大菜系中，淮扬菜以口味清淡、制作精细见长。淮安和扬州地处江淮平原，气候温润，不需要像冷湿的山区省份那样在饮食中加入大量辣椒、花椒等刺激性食材来祛湿御寒。

介于南北之间的位置，使淮扬地区成了南甜北咸的结合部。这一带河环湖绕，盛产芡实、蒲类、鱼虾、蟹、鳝。还有，淮扬菜讲究刀工，越是普通食材就越要在处理上下功夫。

大运河的开凿为南北交通提供了便利。淮扬菜不仅满足了当地人的饮食需要，更照顾了南来北往人们的口味儿，形成了清鲜平和、浓醇兼备、咸甜适度、南北皆宜的特点。南北相宜的淮扬菜系，将大运河沟通南北文化的功能充分展现。

坐下来，点一份香咸软糯的蟹粉狮子头，或鲜香软嫩的软兜长鱼，慢慢品尝，人间乐趣，尽在此地。

打卡点四：马可·波罗纪念馆

这个纪念馆不在我们的行程中，出于个人兴趣，趁队友逛扬州城东门遗址的当儿，我抓紧时间，利用 20 分钟时间，将其粗略看完。

马可·波罗，意大利旅行家、探险家，1275年辗转来到中国，受到元世祖忽必烈的礼遇和重用。据载，他在中国游历17年，其间在扬州任官三年。回国后，他在一次战争中被俘。在狱中，他口述了自己的旅行经历，由室友代写了《马可·波罗游记》。

该书记述了马可·波罗在东方最富有的国家——中国的见闻，从而激起了欧洲人对东方的向往，引发了寻找新大陆的热潮。西方地理学家还根据书中的描述，绘制了早期的“世界地图”。

马可·波罗在书中对扬州有这样的描写：“此城屯聚谷稻甚多，准备运往汗八里城，以作大汗朝廷之用……由是满载之大船，可从瓜洲城航行至汗八里大城。”汗八里，突厥语，指元大都城（今北京城）。

为纪念这位中国文化的传播者，2010年，扬州市在古运河畔设立了马可·波罗纪念馆。纪念馆展陈内容包括远涉东方、中国见闻、为官扬州、旷世奇书和身后世界五个单元，系统地介绍了马可·波罗的传奇经历以及他的游记对后世的影响。

打卡点五：扬州中国大运河博物馆

京杭大运河沿岸有多座以运河命名的博物馆，其中，规模最大、最有看头的是扬州中国大运河博物馆。

据说，该馆最初拟命名为“中国大运河博物馆”，待最后批复下来，前面多了“扬州”两个字。今天，走近博物馆，一眼便可以看到横排的“中国大运河博物馆”八个大字，但如果稍加留意，就会发现，在这八大大字前面，还竖排写有“扬州”两个小字。

博物馆位于扬州三湾风景区，建筑面积 7.9 万平方米，是一座集运河文物收藏、展示、研究和教育于一体，兼顾旅游休闲与对外交流的专题性博物馆。博物馆二层有一个面积很大的书店，出售大运河图书。在我逛过的书店中，关于大运河的图书这里最全。

博物馆造型颇具特色，由整体馆和大运塔两部分组成。整体馆外形如同巨型船只，同时，融入风帆元素，寓意巨船即将扬帆起航。大运塔为唐代风格，高百米，可通过馆顶的长虹卧波式长廊进入内部。

博物馆北边是文峰塔，那里是唐代高僧鉴真东渡日本的起点；南边是天中塔，那里是清朝皇帝的行宫所在。文峰塔、大运塔、天中塔，三塔一线，构成了大运河边的一道独特景观。

打卡点六：瓜洲古渡

瓜洲是历史文化名镇，始于晋，盛于唐，素有“江北重镇、千年古镇”之称。

瓜洲本是长江中的一个沙洲，因形状如瓜而得名。自隋朝大运河开通后，这里便成了沟通长江与运河的交通要道。清代，长江航道北移，旧瓜洲城被淹，现在的瓜洲镇是在原城北四里的地方重建的。

瓜洲是一座有悠久历史和丰富人文积淀的古镇，很多途经瓜洲的文人墨客都在这里留下了脍炙人口的诗篇。

唐代，白居易作有《长相思·汴水流》：“汴水流，泗水流，流到瓜洲古渡头，吴山点点愁。”

张祜作有《题金陵渡》：“潮落夜江斜月里，两三星火是瓜洲。”

宋代，王安石作有《泊船瓜洲》：“京口瓜洲一水间，钟山只隔数重山。春风又绿江南岸，明月何时照我还。”京口，即现在的镇江。

陆游作有《书愤》：“楼船夜雪瓜洲渡，铁马秋风大散关。”大散关在陕西宝鸡境内，为关中四大关口之一，“明修栈道，暗度陈仓”发生地。

民间传说，杜十娘怒沉百宝箱的故事就发生在瓜洲渡口。

多年前，这里建起了瓜洲古渡风景区，景区内建有古渡遗址、御碑亭、一水亭、沉箱亭等，还可近距离观看瓜洲船闸。我们到达这里时，天色已晚，夕阳的余晖斜照在水面上，更给这里增添了一份诗意。

打卡点七：镇江西津渡古街

瓜洲的对岸是镇江，在没有桥梁的年代，两岸来往只能靠渡船。对此，古人是这样说的：“片帆渡扬子，隔岸是瓜洲。”

镇江的渡口称西津渡。西津渡形成于三国时期，隋唐大运河开通后，这里成为南北水上交通枢纽。

“一眼看千年”，悠久的历史孕育出了悠久的文化。今天的西津渡仍然留有众多文化古迹，如昭关石塔、救生会旧址、观音洞、英租界工部局旧址和美孚火油公司旧址等。

昭关石塔建于元代，是我国现存年代最早的过街石塔。石塔为喇嘛式（覆钵式）结构，下半部用块石垒砌，成四根石柱，顶部铺满条石，筑成一个框架形的台座。

救生会是带有慈善性质的水上救助机构。救生会旧址内，放置一艘救生船，通体涂成醒目的红色。船头上挂有金锣和小旗，还有一块康熙皇帝御赐的虎头金牌。

过去，一旦发生人员落水或船只遇险事件，救生船就会紧急出动。听到一阵阵紧急的锣鼓声，其他船只便纷纷避让。说它是“水上 120”，也未尝不可。直到民国时期，大型汽轮取代传统木船后，救生会才逐渐完成了历史使命。

游西津渡古街，可以吃到镇江的一道特色美食——锅盖面。传说，乾隆下江南时，来到镇江张嫂子伙面店，张嫂子忙中出错，误将小锅盖当成大锅盖，撂到面锅里。没想到，煮出来的面条却很可口，还受到了乾隆皇帝的夸奖。

打卡点八：无锡清名桥

行走大运河，随处都能与桥相遇，仿佛在参观中国桥梁博物馆。

清名桥建于明万历年间，是无锡古运河上最古老、规模最大、保留最完整的单孔石拱桥，被称为“运河之眼”。

清名桥南侧是伯渎河，经梅村流至常熟。伯渎河边的大窑路是无锡过去开窑烧砖的地方，现建有无锡群窑遗址博物馆。康熙和乾隆皇帝南巡多次经过清名桥，民间艺人阿炳常在桥头演奏二胡。

清名桥东侧有祝大椿故居。祝大椿（1856—1926 年），无锡人，著名民族工商业家。因创业有功，曾获清政府授予的二品顶戴衔，并被聘为农工商部顾问。

如今，清名桥一带的水弄堂依然保持着古老的水乡风情，石埠码头错落有致，民居临水而建，白墙黑瓦色彩分明。窗外流水潺潺，夜晚桨声灯影。

清名桥畔建有一座大运河数字博物馆，它是国内首个以大运河为主题的数字博物馆，采用现代影像科技和数字媒体等手段，对大运河进行了全面展示，为了解大运河提供了一个新的窗口。

夜幕降临，清名桥畔，霓虹灯闪烁，古老的运河顿时有了现代气息。

第六天（12 月 2 日）

行程：无锡—苏州宝带桥（59 公里，1 小时）—震泽慈云寺和禹迹桥（50 公里，1 小时）—塘栖广济桥和水利通判厅遗址（78 公里，1 小时 10 分钟）—杭州拱宸桥（27 公里，40 分钟）

中餐：震泽镇餐厅

晚餐：杭州城北文澜大酒店

住宿：杭州城北文澜大酒店

打卡点一：苏州宝带桥

宝带桥，又名长桥，横卧于大运河和澹台湖之间，远远望去，犹如一条宝带漂浮在水面上。

关于宝带桥的来历，当地流传一个故事。唐元和年间，苏州刺史王仲舒为开展漕运，决定在运河上建一座桥。为筹措资金，王仲舒将腰间的宝带解下来，置换银两。在他的带动下，苏州士坤纷纷解囊捐助。人们感激王仲舒的义举，将此桥称为宝带桥。

“长桥卧波，纤道飞渡。”宝带桥是中国十大名桥之一，也是中国现存最长的古代联拱石桥。桥长 317 米，宽 4 米，桥体 53 孔，连拱薄墩式，既便行船，又利泄洪。

宝带桥中间三孔建得特别高，为的是能行大船，两旁各拱路面逐渐下降，形成弓形弧线。全桥构造复杂而又轻盈，成为江南一大名胜。明朝诗人王宠曾作诗赞颂：“春水桃花色，星桥宝带名。鲸吞三岛动，虹卧五湖平。”

宝带桥还是纤道桥。当船载过重或者逆风行驶时，纤夫们便弯着腰、弓着背、拉着纤绳、喊着号子，在桥面的青石板上一步步挪动。宝带桥两侧不设桥栏，桥面贴近河面，为的是方便纤夫拉纤。

苏州人有在中秋节看“串月”的习俗。时辰一到，月影倒映在桥孔中，一孔一月，53 个月亮连成一串，堪为奇景。

打卡点二：震泽慈云寺和禹迹桥

慈云寺建于宋咸淳年间，距今已有 700 多年的历史。

寺院内有一座古塔，名为慈云寺塔，塔高 38 米，相当于十层楼房。这是一座楼阁式塔，六面五层，砖身木檐，翼角轻举，玲珑挺秀。傍晚时分，登临塔上，可北望太湖波光，南瞰荻塘水韵，此景名为“慈云夕照”，为震泽八景之一。

慈云寺塔最早叫“望夫塔”。传说，三国时期，孙权为讨回荆州，与大将周瑜谋定，以联姻之名将刘备诓骗至东吴，谁知弄假成真，赔了夫人又折兵。此后，孙权又设法将孙小妹骗回江东。孙小妹不能归蜀，便于太湖之滨建起高塔，遥望夫君。

两宋之际，望夫塔坍塌，震泽又迎来了一位慈云公主，她是宋徽宗的女儿、宋钦宗的妹妹。因思念被金人掳走的父兄，慈云公主在望夫塔废址上重建庙宇，再塑塔身，祈祷二圣早日归来。此后，寺院与古塔前面就多了“慈云”两个字。

禹迹桥建于荻塘运河之上，该桥系清康熙年间为纪念大禹治水而建，乾隆年间重建。

禹迹桥为南北走向，拱形单孔，长 43 米，宽 4 米。桥上多有题刻，拱券龙门上刻有“云龙”图案，桥面石上刻有“轮回”和各类吉祥图案。桥东西两向各有一副隐藏丰富文史信息的对联。

禹迹桥与慈云寺塔一起，构成江南水乡一道特有的景观，即“拱桥塔影”。

打卡点三：塘栖广济桥

杭州是我们此行的最后一站。进入杭州地界，我们首先来到了坐落于临平区的广济桥。

广济桥建于唐代，明弘治年间，此桥坍塌，老百姓只能靠摆渡过河，洪水或风浪一来，常有人落水。

这时，有宁波僧人陈守清带头，募资建桥。传说，陈守清曾到北京募捐，得到了皇太后的赏赐和朝廷大臣的资助。历时9年，广济桥终于建成。广济，即为两岸百姓造福的意思。

广济桥长78米，宽6米，薄拱薄墩，两坡各设石阶80级。石栏板为素面，栏板两端为卷云纹抱鼓石，有望柱64根，四角望柱上刻覆莲，顶拱镌有“弘治二年”字样。

广济桥是大运河上唯一一座七孔石拱桥，孔券的增加有利于分航，使船只各行其道，但也增加了中间四个薄墩受到航船撞击的风险，于是设计者采用了镇水兽石墩加以保护。

塘栖人有“走桥”的习俗。每年正月十五元宵节，人们除了吃元宵、迎花灯、猜灯谜，还要争相走桥祈福。传说，元宵节晚上走的桥越多，得到的福分就越多。

打卡点四：水利通判厅遗址

该遗址位于临平区塘栖镇，京杭大运河北岸。

明嘉靖年间，朝廷在此设杭州府水利通判厅，主管捕盗，兼管水利，明朝后期多从事缉私盐和维护地方治安。清乾隆年间，水利通判厅房屋重修。清末民初，房屋毁坏，仅存一座乾隆御碑，立于院中。

乾隆御碑记载了乾隆皇帝第一次南巡时，为表彰浙江未积欠钱粮，而豁免当年应征地丁钱粮三十万两，并勒石晓谕官民一事。御碑通高 5.4 米，碑身高 3 米，宽 1.2 米，下厚 0.5 米，四周镌云龙纹，为国内现存最大的御碑。

明清时期，水利通判厅是一个集中了派出所、法院、监狱、海关及水利管理等多功能的机构，通判厅厅长的级别很高，相当于现在的副市长。

打卡点五：杭州拱宸桥

京杭大运河南端有一座拱宸桥，人称“运河第一桥”。

拱宸桥建于明崇祯年间，桥长 92 米，桥身用条石错缝砌筑，桥面呈弧形，为三孔石拱桥。拱宸桥的特点是薄拱薄墩，与北方桥梁的厚拱厚墩形成鲜明对比。站在拱宸桥旁，无人不称赞它的美丽。

“拱”字本义为两手在胸前相合，有恭敬、环绕之意；“宸”字指北辰（北极星），是帝王的代称，“拱宸”意指百姓对皇帝的拥戴。“拱宸”二字多见于古代城市的北方，例如，辽南京城（今北京）北部即设有拱辰门。

“一座拱宸桥，半部杭州史。”作为杭州水路的“北大门”，拱宸桥曾是漕船往来的要道，络绎不绝的商船满载着江南的货物，从此地一路北上；这里也是杭州人的牵挂，游子归乡时，看到拱宸桥就知道到家了。

“北有南新仓，南有富义仓。”拱宸桥南，有建于清光绪年间的富义仓。富义仓是南粮北运最南端的集散地，与北京的南新仓并称为“天下粮仓”。富义仓的名字来自“以仁致富，和则义达”。

1949 年后，富义仓被杭州市粮食公司接管，作为民生仓库分库。几年前，这里被改建为富义仓遗址公园，展示大运河文化，内有 13 幢建筑遗存。

拱宸桥畔设有客运码头，买上一张“运河一日通”船票，可以在运河沿岸的武林门、香积寺、小河公园和拱宸桥四个码头无限次乘船。乘客中，有人是出于交通需要，更多的人是为了观光游览。我本想第二天去体验一次，无奈那天从莫干山返回时，夜幕降临，游船已经停运。

第七天 （12月3日）

杭州（自行参观）

打卡点一：洋关旧址

拱宸桥北，大运河西岸，有一座洋关旧址，隐藏在杭州师范大学附属医院院内，不大为人注意，我是在河边徒步时偶然发现的。

据介绍，洋关建于清光绪年间，时称杭州关税司署，是杭州最主要的征税机关，也是货物经大运河进出杭州的重要关口。

洋关原由税务司（9号楼）、海关办事处（10号楼）、帮办人员住宅（20号楼）、码头、验货场组成。洋关旧址现存三幢老建筑，呈“品”字形布局，均为二层砖木结构，红色清水砖外墙，立面为仿英的“券廊式”风格，屋顶为坡形，出檐短浅。在周边中式建筑的包围中，这三幢小楼显得十分特别。

洋关的设立缘于杭州的对外通商。1895年，清政府与日本签订《马关条约》，杭州成为开放商埠，洋关成为杭州“海关”办公地。1937年年底，日军占领杭州，洋关成了日军宪兵司令部。1945年9月，日军驻拱宸桥部队在这里集结，缴械投降。我在洋关旧址看到一块纪念碑，上面写有：“侵华日军在拱宸桥缴械投降地。”

2014年，京杭大运河申遗成功，杭州洋关旧址作为大运河沿线的重要文物遗存之一，被选入世界文化遗产预备名单。

打卡点二：六和塔

到了杭州，一定要爬爬六和塔。

六和塔位于钱塘江北岸的月轮山上，京杭大运河在不远处与钱塘江交汇。六和塔北面就是著名的西湖风景区。

六和塔建于宋代，塔基原址为吴越王钱弘俶的南果园，建塔是为了镇压钱塘江潮。据说，该塔建成后，钱塘江潮果然不再肆虐。同时建造的还有雷峰塔和保俶（chù）塔。

我以前对“六和”不解其意，做功课得知，它是佛教用语，指的是“身和同住、口和无争、意和同悦、戒和同修、见和同解、利和同均”。

六和塔高 60 米，塔芯为砖石结构，分为七层，外部为木结构楼阁式檐廊，八面十三层，每级廊道两侧均有壶门。第三级须弥座上雕刻有花卉、飞禽、走兽、仙子等各式图案。塔外各层檐角均挂有铁铃，共 104 个，风吹铃动，声音清脆悦耳。

六和塔的楼梯布置在回廊中，每层楼梯位置变换不一，以逆时针方向沿回廊盘旋而上。登上塔顶，视野开阔，钱塘江在脚下缓缓流过，过了江就是西兴古镇，那里是浙东运河的起点。

六和塔下坐落着钱塘江大桥。该桥由茅以升设计并主持施工，是我国第一座铁路、公路两用双层桥，先后经历了建造、炸毁、重建的过程，可谓饱受磨难，历尽沧桑。

后记

本书是我“走”出来的。

我是个户外爱好者，前些年热衷行走西部和边疆，疫情袭来，不便外出，我把兴趣点转到了身边。

在寻找切入点时，我想到了大运河。

北京有 3000 多年的建城史，800 多年的建都史，作为京杭大运河的北起点，历史上的北京与漕运息息相关，有“漂来的北京城”的说法。如今，漕船帆影早已远去，纤夫号子早已消失，但漕船行驶过的河道还在，与漕运有关的遗迹还在，它们时时在唤醒人们对那段历史的记忆。近年来，北京重点打造三大文化带，大运河文化带便是其中之一。

北京有五大水系，从西到东依次为大清河水系、永定河水系、温榆河—北运河水系、潮白河水系、蓟运河水系。其中，与大运河关系密切的是温榆河—北运河水系和潮白河水系。在交通现代化的今天，这些河道不再承担运输任务，但在城市供水、排水、灌溉和景观方面仍发挥着重要作用。

几年下来，我徒步走完了南长河、通惠河、坝河、土城沟、北小河、亮马河、清河、万泉河、小月河、北沙河、东沙河、莲花河，部分走过北运河、永定河、温榆河、南沙河、潮白河、凉水河、萧太后河，外加京密引水渠和永定河引水渠。

我在行走的同时，注重寻访，到目前为止，北京地区与大运河有关的主要遗址都已找到。每次发现都是惊喜，每次发现都是收获。

任何一件事情，只要努力去做，就会有成果。通过走河、寻访、读书、看纪录片、参观、听线上和线下讲座、向专家请教、与同伴交流，我对北京大运河的历史和现状进行了梳理，在自己的微信公众号“好望角寻访之旅”上登出了几十篇“大运河在北京”游记。

欣慰的是，我的劳动成果得到了业界和社会的认可。2022年，郭守敬纪念馆编写面向少年儿童的科普读物《大运河长卷》，邀请我撰写北京部分；2023 年，北京市水务局召开“温榆河公园 2023 年度工作技术交流会”，邀请我参加，身份是“特邀专家”；我所在的社区请我给居民讲《京城大运河》。

本书写作的目的有三,一是对自己行走北京大运河的经历做一个总结；二是挖掘和宣传大运河文化；三是为大运河文化爱好者，特别是开展大运河研学实践活动的青少年提供一份实用的行走指南。

本书写作过程中得到很多专家和同伴的帮助，不能一一列出，在此一并表示诚挚的谢意。运河文化底蕴深厚，涉及面广，不当之处，敬请指正。

最后，我想引用北魏郦道元《水经注》中的一段话，作为本书的结尾：“天下之多者，水也。浮天载地，高下无不至，万物无不润。”

2025 年 2 月于北京

参考资料

侯仁之. 北平历史地理［M］. 北京：外语教学与研究出版社，2013.

侯仁之. 北京城的生命印记［M］. 北京：生活·读书·新知三联书店，2022.

蔡蕃. 北京古运河与城市供水研究［M］. 北京：北京出版社，1987.

蔡蕃. 科学家郭守敬［M］. 北京：北京联合出版公司，2019.

蔡蕃. 京杭大运河［M］. 北京：人民出版社，2019.

蔡蕃. 古都北京的水［M］. 北京：北京联合出版公司，2022.

蔡蕃. 大运河——都城命脉［M］. 北京：北京出版社，2024.

于德源. 北京漕运和仓场［M］. 北京：北京日报出版社，2016.

吴文涛. 北京水利史［M］. 北京：人民出版社，2013.

北京市政协文史委. 北京水史（上下册）［M］. 北京：中国水利水电出版社，2013.

陈喜波. 漕运时代北运河治理与变迁［M］. 北京：商务印书馆，2018.

陈喜波. 张家湾［M］. 北京：北京联合出版公司，2021.

李裕宏. 京城河湖水系史话［内部资料］. 2012.

云亦. 北京的水［M］. 北京：北京出版社，2018.
北京市文史研究馆. 历史上的水与北京城［M］. 北京：北京出版社，2016.
杨良志，杨家毅. 走读北京大运河［M］. 北京：北京出版社，2018.
白文荣. 北京运河文化［M］. 北京：北京教育出版社，2018.
李良，王长松. 北京大运河故事［M］. 北京：北京出版社，2022.
万安伦. 京城大运河［M］. 北京：北京出版社，2019.
李建平，杨文利. 图说北京大运河文化带［M］. 北京：经济科学出版社，2019.
成二丽，白鸿叶. 图说北京水系变迁［M］. 北京：文津出版社，2023.
话说北京的河湖泉［M］. 北京：北京市水务局，2009.
彭俐. 北京大运河的浪花［M］. 北京：北京出版社，2019.
阎崇年. 北京史话［M］. 北京：人民出版社，2019.
杨学军. 老北京地名的讲究［M］. 北京：北京教育出版社，2018.
陈溥. 北京的胡同与四合院［M］. 北京：北京教育出版社，2018.
北京市文物局. 北京文物地图集（上下册）［M］. 北京：科学出版社，2009.
刘延恺. 北京水务知识词典［M］. 北京：中国水利水电出版社，2008.
北京水利志编委会. 北京水利志稿（三卷）［内部资料］. 1992.

臧汝奇. 北京朝阳门——人文历史750年［M］. 北京：人民出版社，2010.
周良. 通州漕运［M］. 北京：文化艺术出版社，2004.
郭炜，等. 大运河与通州古城［M］. 北京：北京出版社，2018.
王鹏. 北京顺义与大运河［M］. 石家庄：河北美术出版社，2024.
海淀区水利志编委会. 海淀区水利志［内部资料］. 1993.
杜泽宁. 畿甸清河图录［M］. 北京：中国科学技术出版社，2019.
朝阳区文旅局. 萧太后河［M］. 北京：中国财富出版社，2021.
昌平县水利志编委会. 昌平县水利志［内部资料］. 1992.
李晔. 温榆河［M］. 北京：北京出版社，2016.
北京民俗博物馆. 高碑店村志［M］. 北京：方志出版社，2017.
京杭大运河专辑［J］. 中国国家地理，2006（5）.
中国大运河专辑［J］. 中华遗产，2022（7）.
通州区政协［J］. 通州文史，2018—2019（各期）.
大运河［纪录片］. 中央电视台. 2016.
云上运河［视频节目］. 首都之窗. 2020.
这里是通州［纪录片］. 首都之窗. 2021.